La Biblia del Microblading

Corinne Asch

Copyright © 2016, Corinne Asch

Todos los derechos reservados. No se puede usar ninguna parte de este libro o reproducido de cualquier manera sin el escrito permiso del editor y autor.

www.themicrobladingbible.com
www.omniabeautyacademy.com

Microblading
¡Cejas perfectas!

Hace un tiempo atrás tomé un curso de 3 días de *Microblading*, y aunque el profesor era muy bueno y estaba muy bien informado, encontré que al curso, como a todos los cursos que he tomado últimamente, le faltó ahondar en información detallada. Me quedé con muchas preguntas por hacer. Demasiadas dudas que se quedaron sin una respuesta.

Me propuse encontrar por mi cuenta las respuestas, pero descubrí que no había nada que pudiera responder todas mis preguntas sin que tuviera que volver a tomar otra clase y gastar mucho más dinero.

Envié correos electrónicos, mensajeé y seguí en el Facebook a toneladas de personas. Seguí todas las páginas de Microblading disponibles, hice cientos de preguntas e incluso descubrí nuevas dudas que no sabía que tenía. Fue entonces que vi que había muchos puntos de vista opuestos en donde ambos lados tenían sentido.
Encontré puntos de vista contrapuestos sobre cómo curar adecuadamente las cejas, o si era recomendable o no adormecer las cejas antes de

los primeros trazos. Busqué libros sobre el tema, pero encontré sólo uno que era tan general en su información, que parecía más un panfleto que un libro y su contenido no aportaba mucho.

Afortunadamente, investigar es lo que más me gusta hacer cuando no estoy haciendo Microblading en las cejas de alguien, así que, después de una exhaustiva investigación, pude reunir las piezas y armar el rompecabezas.
Este libro es el resultado de toda esa investigación y también es mi diario detallado de todas las cosas que he aprendido. Por mucho, lo más útil e informativo que tuve, fueron las mujeres dentro de los grupos de Microblading de Facebook. Las mujeres de esas páginas han sido las personas más amables, conocedoras y generosas con que me he topado en este proceso. Compartieron tips y secretos que no encontrarás en ninguna capacitación, no importa qué tan buena sea. Ellas estaban listas y dispuestas a compartir sus conocimientos. Son una verdadera hermandad.

A todas ustedes, les doy las gracias.
Escribir este libro ha sido como tomar una clase avanzada en Microblading, llenó una gran cantidad de huecos y respondió a muchas preguntas que tenía.

Mi deseo es que estas páginas hagan lo mismo por ti.

Sinceramente,
Corinne Asch

Índice

*1. ¿Qué es el Microblading?
   Una nueva tecnología
*2. La consulta
   Determinar si eres la persona correcta para el cliente
*3. Formularios
   Todas las formas legales que necesitas
*4. La importancia de una adecuada esterilización
   Patógenos transmitidos por la sangre y regulaciones de la *Administración de Seguridad y Salud Ocupacional*
*5. Conociendo a los Fitzpatricks
   Los tonos de la piel y sus matices
*6. Entendiendo a los Pigmentos
   Elegir los modificadores de color correctos para cada tipo de piel
*7. ¿Adormecer o no la piel?
   Cuándo, qué y cómo aplicar anestesia
*8. Midiendo y dibujando las cejas
   Las mejores técnicas para unas cejas simétricas
*9. Eligiendo las cuchillas correctas
   Qué cuchillas utilizar según el tipo de piel y los resultados
*10. El procedimiento
   La elasticidad, el ángulo y el ritmo
*11. Cuidados posteriores
   La importancia de un cuidado adecuado
*12. El proceso de sanación
   Lo que tú y tu cliente pueden esperar
*13. Cursos y entrenador

Capítulo 1
¿Qué es el Microblading?
Una nueva tecnología

El Microblading es una técnica de maquillaje de cejas semipermanente surgida en Asia, cuyo objetivo es corregir o reconstruir por completo las cejas dándoles un aspecto natural y una forma más definida. Este método también se puede utilizar para espesarlas u oscurecerlas. Es realizado por un técnico calificado que utiliza una herramienta de mano especial compuesta por una serie de agujas extremadamente afiladas posicionadas de una manera tal que parecen y funcionan como navajas.

Es requerido un pigmento que se deposita en la dermis superficial de la piel con una microcuchilla desechable, lo que permite al técnico recrear el movimiento del pelo de forma tal que se asemeja enormemente a los vellos naturales de la ceja.

El Microblading difiere del tatuaje semipermanente convencional por el hecho de ser un procedimiento manual. Cuando se utiliza una microcuchilla manual, el color se deposita más cerca de la superficie que cuando se utiliza una máquina de tatuaje, lo que permite dejar trazos de pelo muy finos y con apariencia de movimiento sin derramarse pigmento bajo la piel.

El Microblading es una técnica avanzada que requiere un entrenamiento fundamental para poder realizar maquillaje permanente con no menos de 100 horas de curso de nivel básico. El técnico en Microblading debe estar debidamente certificado para que pueda validar el seguro de responsabilidad civil, que es indispensable para protegerse a sí mismo y a sus clientes.

Es extremadamente importante verificar los requisitos específicos de tu país y estado sobre la concesión de licencias, educación o certificación requerida y en el área de salubridad.

No trates de realizar la técnica de Microblading sin estar debidamente capacitado y certificado y tampoco lo hagas sin contar con los seguros necesarios para tu protección y la de tus clientes.

Este libro está destinado a ser utilizado como un manual de referencia y apoyo al entrenamiento físico y personal que ya has recibido y no como un manual de entrenamiento por sí mismo.

Conseguir la guía y capacitación apropiadas en un entrenamiento presencial en un salón de clases es el primer y más importante paso para aprender la técnica del Microblading.

No hay sustitutos para una formación adecuada.

¡NO TE SALTES ESTE IMPORTANTE PASO!

¿Qué es el Microblading? Todo lo que debes conocer sobre esta nueva tendencia para cejas

Rheana Murray

ARTÍCULO

Título original: *What is Microblading? Everything to know about this eyebrow trend**
Artículo de Rheana Murray
5/Sept/2016
TODAY/Style.
*Tomado de:
https://www.today.com/style/what-Microblading-everything-know-about-eyebrow-trend-t101425

Las tendencias de moda de las cejas van y vienen, de delgadas y agudas a audaces y espesas, a la Cara Delevingne y básicamente al estilo de cualquier otra modelo de moda en los últimos años.

Pero la última tendencia de la que no podemos cansarnos ni obtener lo suficiente es de la del Microblading, esta nueva técnica del tatuaje que rellena las miradas hacia afuera o remodela los ojos dibujando líneas diminutas y encendidas que simulan los pelos naturales de las cejas de las personas.

Sabemos lo que estás pensando: ¿Cejas tatuadas? ¡De ninguna manera! Pero escúchanos: "El

Microblading deja a las cejas con apariencia natural, nada que deba dar miedo", dice Jen Terban-Hertell, co propietario de East Side Ink, el salón de tatuajes aprobado por las celebridades en la ciudad de Nueva York.

"Suena aterrador, y hay todavía este estigma de las cejas en forma de arco azul en la cara de la abuela, pero éstas son completamente diferentes", le dijo Jen a la revista TODAY Style.

El Microblading se hace con una herramienta de mano- "se parece a un exacto, un cuchillo hecho de agujas" -dijo- "que pone el pigmento en la piel, pero no va tan profundo como un tatuaje normal lo haría. También es semipermanente. Las cejas del Microblading deben durarte entre uno y tres años ", dijo Terban-Hertell, agregando que 18 meses es el tiempo promedio para la mayoría de sus clientes.

El procedimiento varía dependiendo de adónde vayas, pero ella, en su salón, ve a la gente dos veces: la primera para la cita inicial y la segunda, una vez que la ceja se ha curado para hacerle un retoque.

"El procedimiento del Microblading es probablemente la parte más corta de la cita", dijo Terban-Hertell. "Paso mucho tiempo conociendo a mis clientes y conociendo lo que ellos quieren, decidiendo lo que es realista para su rostro para

luego dibujarlo sobre ellos y asegurarme de que estén contentos con la forma".

"Trabajo con el hueso de la frente y la estructura de la cara y me aseguro de que las cejas se muevan cuando hacen expresiones y que estén en el lugar correcto de su cara", agregó.

Pero ten en cuenta que el Microblading es más caro que solo dibujar tus cejas cada mañana: prepárate para gastar al menos $ 500 dólares y ese monto es algo modesto para el servicio que se ofrece. No necesito advertirte que no debes escoger a un técnico por el precio. La calidad importa.

Debes saber que es también un poco doloroso, pero nada que asuste a la mayoría de la gente. "Se siente como si te desplumaran", dijo Terban-Hertell, agregando que ella adormece el área de la frente antes de hacer el Microblading (y, hey, tal vez sea un pequeño precio más que pagar por tener "cejas perfectas", pero esa será tu decisión).

El procedimiento es relativamente nuevo para los Estados Unidos, pero Terban Hertell sospecha que está a punto de convertirse en una "locura". Y si sigues a cualquier aficionado a la belleza en Instagram o si te has tropezado de alguna manera con el hashtag #Microblading ya tendrás material para argumentar que la locura ya ha comenzado.

"Es extremadamente popular en otros países y ahora está siéndolo en los Estados Unidos", dijo. *"La mayoría de mis clientes no han oído hablar de esto, probablemente lo están escuchando justo*

ahora. Pero en el próximo año, va a ser todo de lo que vas a escuchar. Terban-Hertell está empezando a ver el impacto que el servicio de Microblading ha tenido en sus clientes, que la encuentran principalmente a través de la recomendación boca a boca.

"Cuando empecé a hacer esto, pensé que parecía divertido", nos dijo. *"Pero lo que ahora es gracioso es lo que escucho a menudo de mis clientes sobre este procedimiento, dicen que es "lifechanging" (te cambia la vida), y no es una cita que pensé que escucharía al hablar sobre cejas".*

"Hay mujeres que no salen de la casa si no han dibujado sus cejas antes", agregó la artista. *"O que evitarían ciertas actividades como un día en la playa o algo que hiciera que su frente sudara y tuvieran que limpiarla. Pero después del Microblading pueden ir a la piscina, al Bikram yoga o a lo que sea. Esta técnica ha resultado ser muy gratificante porque cambia la forma en que las personas se sienten sobre sí mismas.*

Capítulo 2
La consulta

Determinar si eres la persona correcta para el cliente

Aquí es donde comienza el viaje.

Te reúnes por primera vez con tu cliente, hablan de expectativas y limitaciones. Analizas su piel, su historial médico y, finalmente, sus cejas. Y decides si eres la persona idónea para esto.

Lo mejor es tener esta primera consulta con una semana de antelación o por lo menos 48 horas antes del procedimiento real para que el cliente pueda preparar mejor su piel siguiendo las instrucciones de cuidados previos que le proporcionarás.

Lo primero, y creo lo más importante, es obtener su historial médico. Ciertas condiciones se pueden trabajar, mientras que otras harán imposible el procedimiento y es importante saber cuáles son cuáles. Por ejemplo, ¿sabías que las condiciones de la tiroides pueden afectar la forma en que los colores del pigmento sanan haciéndolos menos predecibles?

Las siguientes son condiciones que, cuando se presentan, no pueden y no deben ser trabajadas:

- Piel que tenga cicatrización queloide
- Piel quemada por el sol
- Personas en tratamiento de quimioterapia

- Mujeres embarazadas o que estén amamantando

- Personas con VIH o hepatitis

- Eczema o psoriasis en las cejas

- Lunares o marcas de nacimiento en la ceja

- Una herida abierta

Yo siempre pido que el cliente me traiga fotos de las cejas que le gustan y juntas, buscamos caras que se parezcan a las de ella para mantener algo realista sobre lo que mejor le conviene y para tener una idea del tipo de cejas que quiere y que vea, por sí misma, si son las adecuadas para su tipo de cara. (Sé que muchos hombres harían Microblading a sus cejas, pero como el 99 % serán mujeres y, para facilitar la lectura, me referiré como cliente para el resto de este libro a sólo mujeres. Lo siento chicos).

Es entonces ahora el momento de mirar las diferentes cejas y escoger unas que ambas partes (el cliente y quien presta el servicio) sientan que será el tipo adecuado para ella.

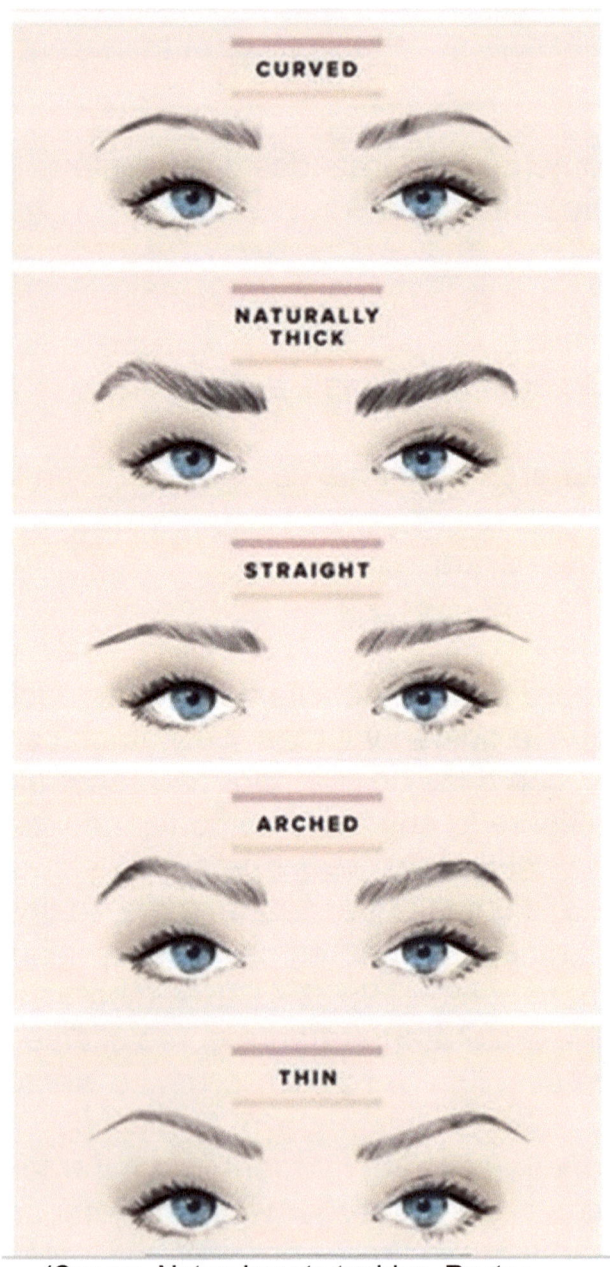

(Curvas, Naturalmente tupidas, Rectas, Arqueadas, Delgadas)

Es muy importante tomar en consideración la forma de la cara.

Como regla general, una **cara larga** se verá mejor con unas cejas más rectas para dar la ilusión de que es una cara más corta.

Las **caras ovaladas** lucen bien con las cejas suavemente anguladas.

Las **caras cuadradas** necesitan curvas suaves para afinar sus ángulos agudos.

Las **caras con forma de corazón** se ven bien con los arcos bajos redondos porque crean una mirada natural mientras que un arco alto alargará a una **cara corta**.

Las **caras redondas** lucen bien con arcos altos porque dan la ilusión de alargar la cara mientras que agregan también ángulos.

Las **caras en forma de diamante** se verán bien con cejas medianas y altas, con curvas suaves.

Trucos como el acercamiento de las cejas creará una apariencia más masculina y autoritaria. (Tómalo en cuenta para la clientela masculina). Y separar las cejas un poco más lejos, hará que los ojos que estén demasiado juntos parezcan más distantes.

Para obtener información más detallada sobre las diferentes formas de cejas visita**:**
www.eyebrowz.com

Es muy importante que tú y tu cliente lleguen a un acuerdo sobre qué tipo de cejas harán durante la consulta por dos razones:

1. Tu cliente tendrá tiempo para pensar en la forma y podrá aún cambiar de parecer si es necesario.

2. En caso de que no sean capaces de llegar a un acuerdo sobre la forma adecuada de cejas para su rostro desde tu perspectiva como especialista, puedas tomar la decisión de si vas a trabajar así esas cejas o mejor te retiras.

Digamos que ella quiere algo que tú sabes que no le conviene y tú no quieres que tu reputación se dañe por poner un estilo en el trabajo que sabes es insuficiente y erróneo. Es mejor decidir ir por caminos separados desde esta consulta que hacerlo el día de la cita donde reservaste 2 horas o más de tu tiempo.

Sigamos, así que ahora ya han acordado la forma de la ceja y has determinado que ella tiene el tipo de piel adecuada para realizarse el Microblading. Es momento de hablar sobre el color y decidir el tono correcto. En este punto, tú puedes hacer una prueba de parche detrás de su oreja, si así lo deseas.

Algunos técnicos la hacen pero otros no. La elección es entre tu cliente y tú.

Porque en realidad no estás obligada a dar esta prueba, todo esto puede evitarse a menos que sea un requisito de la compañía de seguros de tu cliente y ella te lo solicite. Dicho esto, yo siempre considero que es una buena idea hacerla. Es mejor para tu cliente tener una pequeña reacción escondida detrás de su oreja que dos enormes a la vista encima de sus ojos.

Si optas por realizar la prueba de parches, solo necesitarás hacer un pequeño rasguño con pigmento, lo más ligero posible, detrás de la oreja de tu cliente. Recuerda no aplicar ninguna presión ya que esa parte de la piel es realmente delgada.

Una vez hecho esto, revisa de nuevo con ella cada una de las instrucciones de cuidado previas al procedimiento y dale una copia de ellas por escrito para que se la lleve y las siga. (Encontrarás estas formas en el siguiente capítulo).

Que le quede claro cuál y cómo es el proceso de Microblading; la importancia de un cuidado posterior adecuado y lo que debe esperar del proceso de curación.

Toma un depósito *no reembolsable* y reserva su cita.

Capítulo **3**
Formularios

Todas las formas legales que necesitas

Historia médica clínica
Cuidados previos
Posibles riesgos, daños y complicaciones
Consentimiento para el tatuaje
Consentimiento para la pigmentación
Consentimiento para uso de fotografías
Instrucciones de cuidado posterior
Instrucciones de cuidado post-pigmentació

HISTORIA MÉDICA CLÍNICA

Lugar y fecha_____

Nombre: _____ Fecha de nacimiento: ___/___/___
Dirección:
_____

Tel: _____
Email:_____
Contacto de emergencia: _____
Tel: _____

Padece o ha padecido alguno de los siguientes: (Marque SI o NO)
( ) **SI** ( ) **NO** Historia de MRSA (Estafilococo Aureus resistente a la meticilina)
( ) **SI** ( ) **NO** Botox (Último tratamiento:_____)

( ) **SI** ( ) **NO** Diabetes
( ) **SI** ( ) **NO** Hepatitis A B C D ¿Cuál?
_____

( ) **SI** ( ) **NO** Levantamiento de cejas o estiramiento de la frente
( ) **SI** ( ) **NO** Hemorragias
( ) **SI** ( ) **NO** Levantamiento de cara
( ) **SI** ( ) **NO** Alcoholismo
( ) **SI** ( ) **NO** Condición cardiaca
( ) **SI** ( ) **NO** Medicamento por trabajos dentales
( ) **SI** ( ) **NO** Peeling químico (Último tratamiento: _____)

( ) **SI** ( ) **NO** Embarazo actual / Amamantando ahora ¿Cuál?
_____

( ) **SI** ( ) **NO** Tinte de cejas
( ) **SI** ( ) **NO** Desorden autoinmune
( ) **SI** ( ) **NO** Piel grasosa
( ) **SI** ( ) **NO** Cáncer (Tipo y año
_____)
( ) **SI** ( ) **NO** Accutane o tratamiento para el acné
( ) **SI** ( ) **NO** Quimioterapia o Radiación
( ) **SI** ( ) **NO** Bronceado artificial
( ) **SI** ( ) **NO** Tumores o Quistes
( ) **SI** ( ) **NO** Problemas con adormecimiento/anestesia en trabajos dentales
( ) **SI** ( ) **NO** Toma anticoagulantes como aspirina, ibuprofeno, coumadin, warfarin, etc.
( ) **SI** ( ) **NO** Reacción alérgica a algún medicamento como Lidocaína, Tetracaína, Epinefrina, Dermacaine, Alcohol bencílico, Carbopol, Lecitina, Propylene Glycol, Vitamina E
( ) **SI** ( ) **NO** Alérgico a metales, comida, etc. (Especifique: _____)
( ) **SI** ( ) **NO** Utiliza productos para el cuidado de la piel que contengan Retin-A, Ácido glicólico O Alpha Hydroxil
Mencione cualquier enfermedad o padecimiento no mencionado aquí:
_____
_____
_____

Medicamentos que está tomando actualmente:
_____
_____
_____

Hago constar que toda la información aquí contenida es verídica y proporcionada con la mejor intención y conocimiento.

Firma_____
Fecha: _____

LISTADO DE CUIDADOS PREVIOS

El día del procedimiento

- No haga ejercicio el día del procedimiento

- No beba demasiado café el día del procedimiento.

24 horas antes

- No tome aspirinas, niacina, vitamina E o ibuprofeno 24 horas antes del procedimiento.

- No debe tomar alcohol la noche anterior o el día del procedimiento.

3 días antes

- No realizar procedimiento de depilación con cera o teñido de cejas 3 días antes.

- Se recomienda hacerse una exfoliación 3 días antes del procedimiento.

1 semana antes

- No debe broncearse (nada de sol) durante por lo menos una semana antes del procedimiento.

2 semanas antes

- Deje de usar cualquier producto con Retin-A o AHA 2 semanas antes del procedimiento.

- No debe hacerse microdermoabrasión o dermaplaning al menos 2 semanas antes.

1 mes antes

- No debe tomar terapia de láser ni peelings químicos al menos un mes previo al procedimiento.

- No aplicarse botox 4 semanas antes del procedimiento.

POSIBLES RIESGOS, DAÑOS Y COMPLICACIONES.

Dolor: Puede haber dolor incluso después de aplicar la anestesia tópica. La anestesia trabaja diferente en cada persona.

Infección: Las infecciones son bastante inusuales. Las áreas tratadas se deben mantener limpias en todo momento y únicamente, manos perfectamente lavadas y protegidas, deben tocar el área de trabajo. Por favor revise el apartado de Cuidados Posteriores para conocer las instrucciones de cuidado que se deberán tener después del procedimiento.

Pigmentación irregular: Ésta puede ser resultado de una mala curación, infección, sangrado o muchas otras causas. En su cita de seguimiento se podrá corregir cualquier apariencia irregular.

Asimetría: Se hará todo el esfuerzo para evitar la asimetría en sus cejas, pero ninguna cara es naturalmente simétrica así que ajustes podrían ser necesarios para corregirlas en su cita de seguimiento.

Hinchazón excesiva o moretones: Algunas personas tienden a desarrollar moretones o a inflamarse más que otras. La aplicación de hielo ayudará a reducir esto. Ambas condiciones desaparecen regularmente entre 1 a 5 días después.

Anestésicos: Anestesia local es utilizada para adormecer el área que se tatuará. Lidocaína, Prilocaína, Benzocaína, Tetracaína y/o cremas o líquidos con epinefrina son utilizados con este fin. Si usted es alérgica a alguno de estos componentes por favor infórmelo en este momento.

Resonancia magnética: Debido a que los pigmentos utilizados en los procedimientos de cosmetología permanente contienen óxidos inertes, un imán de bajo nivel será requerido en caso de que necesite ser escaneada en una máquina de resonancia magnética. Siempre deberá avisar al técnico especialista en resonancia magnética de cualquier tatuaje o cosmetología permanente que tenga en su cuerpo.

La alternativa para evitar todas estas posibilidades es usar el maquillaje convencional y NO someterse a un procedimiento de Microblading de cejas semipermanente.

Hago constar que he sido informada de los posibles riesgos, daños y complicaciones de este procedimiento y doy mi consentimiento y libero de toda responsabilidad a terceros aceptando que se me realice el procedimiento de Microblading:

Nombre:_____

Firma: _____

Fecha: _____

FORMULARIO DE CONSENTIMIENTO DE TATUAJE

Por medio de la presente,
Yo _____ (nombre del cliente) consiento y autorizo
a:_____
(tatuador/técnico).
para realizar el siguiente procedimiento:
_____

He elegido voluntariamente someterme a este procedimiento después de que se me ha explicado la naturaleza y el propósito de este tratamiento, junto con los posibles peligros y riesgos involucrados.
_____(Iniciales)

Aunque es imposible enumerar todos los riesgos y complicaciones, he sido informado de los posibles beneficios, riesgos y complicaciones. También reconozco que no hay resultados garantizados y muchos dependen de la edad, la condición de la piel y el estilo de vida.
_____ (Iniciales)

Entiendo que se trata de un procedimiento de 2 (y en ocasiones de 3) pasos y que se me requerirá a una cita de seguimiento a más tardar 60 días después del procedimiento inicial para recibir tratamientos adicionales y obtener los resultados esperados. Pasado el período de 60 días cualquier cita requerirá de un nuevo pago.
_____(Iniciales)

Confirmo que he leído y que entiendo las instrucciones de cuidados posteriores al tratamiento que me han entregado y que comprendo lo importante que es seguirlas para la atención y recuperación posterior.
_____(Iniciales)

He entregado, en mi entendido y de buena fe, una descripción exacta de mi historial médico, incluyendo si padezco alergias, medicamentos

recetados que ingiero regularmente o productos tópicos que actualmente estoy utilizando. _____ (Iniciales)

Reconozco que el procedimiento propuesto implica riesgos inherentes al mismo y que tiene posibilidad de complicaciones durante y/o después del procedimiento tales como infección, mala retención de color e híper pigmentación, entre otras._____(Iniciales)

He leído y entiendo este acuerdo y toda la información anteriormente detallada. Entiendo el procedimiento y acepto los riesgos. Todas mis preguntas han sido contestadas a mi satisfacción y doy mi consentimiento a este acuerdo. Libero al técnico esteticista, cuya firma aparece a continuación, de la responsabilidad por cualquier situación generada debido a condiciones presentes, no reveladas en el momento de este procedimiento de cuidado de la piel, misma que puede verse afectada por el tratamiento realizado aquí hoy.

_____ _____
Nombre del cliente   Firma
               Fecha

_____ _____
Nombre del técnico/tatuador   Firma
               Fech

CONSENTIMIENTO PARA ELIMINACIÓN O ALIGERAMIENTO DEL PIGMENTO

Yo, (nombre:)
_____

Hago constar que se me ha explicado la naturaleza y el método de procedimiento de la pigmentación, incluidos los riesgos o la posibilidad de complicaciones durante o después de su aplicación. Entiendo que puede haber cierta cantidad de molestias o dolores asociados con el procedimiento y que los efectos secundarios adversos pueden incluir: sangrado menor y temporal, hinchazón, moretones, enrojecimiento, cambio de color o decoloración. También tengo conocimiento de que una infección secundaria en el área del procedimiento puede ocurrir, sin embargo, he sido informada que esto es raro que suceda si se siguen las indicaciones del especialista y se mantienen los cuidados adecuados.

_____(Iniciales)

Entiendo que pueden ser necesarios varios tratamientos para poder lograr los resultados deseados.

_____(Iniciales)

Entiendo que el pigmento no deseado podría no ser exitosamente aligerado hasta el punto que ya no se pueda ver. La aparición de cicatrices, la hiper-pigmentación o hipo-pigmentación, u otro daño a la piel puede ocurrir durante este proceso y puede ser permanente. Deslindo de toda responsabilidad sobre cualquier daño que pudiera ocurrir a mi persona durante este (estos) procedimiento(s), al técnico/tatuador y/o al distribuidor de los productos para la eliminación del tatuaje usados en el intento de la eliminación del pigmento.

_____(Iniciales)

Señalo y hago constar cuál de las siguientes opciones describe mejor mi tipo de piel: (Marcar una)

       I.   Siempre se quema, nunca se broncea.
     _____

       II.   Siempre se quema, a veces se broncea.
     _____

       III.   A veces se quema, siempre se broncea.
     _____

IV. Rara vez se quema, siempre se broncea.
_____

V. Piel marrón moderadamente pigmentada.
_____

VI. Piel oscura.
_____

*Sólo para los tipos de piel V y VI y remociones de solución salina:
*Entiendo que corro un mayor riesgo de híper pigmentación e hipopigmentación que otros tipos de piel. Estoy de acuerdo con los riesgos involucrados. _____(Iniciales)
Entiendo que la eliminación o aligeramiento del pigmento del tatuaje es difícil, si es que es posible, y que no hay garantías del procedimiento. Libero de toda responsabilidad a mi técnico / establecimiento sobre cualquier falla resultante para aclarar o eliminar el pigmento no deseado. _____(Iniciales)
Acepto someterme a fotografías del antes y después, y dar mi permiso para usar tales fotografías para fines de publicación y / o enseñanza. _____(Iniciales)
Acepto y me comprometo a seguir todas las instrucciones de cuidado posterior proporcionadas por mi técnico. _____(Iniciales)
He sido debidamente informado de los riesgos, posibles complicaciones y consecuencias que se especifican arriba _____(Iniciales)
Entiendo toda la información aquí especificada, me han respondido a todas mis preguntas, y estoy de acuerdo con todas las condiciones y términos de este documento como lo hago constar con mi firma. Acepto los riesgos derivados de realizarme este procedimiento. _____(Iniciales)

Nombre del cliente
_____

Firma del cliente_____Fecha___

Técnico tatuador_____Fecha__

MODELO DE FORMULARIO DE LIBERACIÓN DE FOTOGRAFÍAS
(Nombre de la compañía)

Por medio de la presente doy permiso a:

_____
Nombre del técnico o tatuador

Para utilizar mi imagen fotográfica en todas las formas y medios de comunicación para publicidad, promoción, difusión, exhibición, displays, comercio, material didáctico, capacitación y cualquier otro propósito legal o lícito.

Nombre:_____

Firma: _____

Fecha _____

INSTRUCCIONES DE CUIDADO POSTERIOR AL PROCEDIMIENTO

1. Limpiar el área de tratamiento en la noche del procedimiento y todos los siguientes días aplicando una fina capa de bálsamo para el cuidado posterior, aceite de semilla de uva o de coco en el área de tratamiento dos veces al día (solo una si tiene la piel grasa), teniendo cuidado de no sobresaturar el área. Una capa delgada es todo lo que necesita.

2. Además de limpiar suavemente el área del procedimiento todos los días, debe mantener el agua alejada de sus cejas durante los próximos 5 días. Eso incluye la sudoración, los saunas y las duchas calientes.

3. No use cremas faciales, exfoliantes o limpiadores concentrados en las cejas durante el proceso de curación.

4. La actividad normal se puede reanudar de inmediato, pero no debe realizar ejercicios pesados como el baile aeróbico, levantamiento de pesas, natación, etc., por los próximos 10 días.

5. Su procedimiento comenzará a oxidarse inmediatamente, esto hará que el pigmento se vuelva más oscuro. No se alarme, este color oscuro se desvanecerá dentro de los próximos días.

6. No retire costras o áreas secas que puedan formarse durante el proceso de cicatrización, esto puede causar que pierda color o que se dañe su piel.
En su lugar, aplique parte del producto de cuidado posterior que su técnico le dé o recomiende después del procedimiento.

7. También podría ocurrir un desvanecimiento o pérdida del pigmento. Algunas descamaciones del pigmento son normales en algunos tipos de piel; el pigmento puede a veces desaparecer sólo para volver a aparecer unos días o semanas más tarde. Cualquier pérdida de pigmento se recuperará al retocar.

CUIDADOS POSTERIORES AL ACLARADO O REMOCIÓN

Es fundamental seguir todas las instrucciones de cuidado posteriores al procedimiento para prevenir complicaciones, cicatrices y lograr resultados óptimos.

Por favor lea cuidadosamente.

1. MANTENGA EL ÁREA LIMPIA y abierta al aire.

No la cubra con un vendaje o cualquier otra cosa, déjela abierta para que reciba aire. El aire/oxígeno permite una curación más rápida y mejor. No debe tocar la zona en lo absoluto, pero si usted se encuentra en necesidad de hacerlo, por favor asegúrese de que sus manos estén extremadamente limpias.

2. NO REMOJE el área tratada en agua.

Puede ducharse como lo hace normalmente pero mantenga la zona de sus cejas fuera del alcance del agua durante su baño lo mejor que pueda y no deje que esa área permanezca húmeda por más de unos minutos.

3. NO DEBE nadar, meterse en el sauna o el vapor, darse baños calientes, realizarse bronceado o practicar el ejercicio intenso.

4. NO INTERRUMPA el proceso de cicatrización.

Es decir, no debe tocar el área, picarse, rascarse, etc. Todas las costras deben caerse de forma natural. Si fuerza o retira una costra, interrumpirá el proceso y posiblemente causará cicatrices permanentes.

5. TRATE EL ÁREA CON EXTREMO CUIDADO, AMOR Y ATENCIÓN

No haga nada que pueda causar problemas en el área tratada. Si usted no está segura de algo o tiene alguna pregunta, por favor llame o envíenos un correo electrónico para resolverlo.

6. UNA VEZ QUE SE HAYAN CAÍDO TODAS LAS COSTRAS NATURALMENTE

Aplique una gota de Aceite de Vitamina E de 4 a 6 veces a lo largo del día durante un mínimo de 4 semanas, o hasta la siguiente sesión de seguimiento y retoque. NO empiece a aplicar el aceite de Vitamina E hasta que todas las costras hayan caído **por completo**.

Es nuestro objetivo mantener el área tan seca como sea posible hasta que todas las costras se hayan desprendido de forma natural.

Es importante para el buen desarrollo del proceso y para la integridad de la piel, que se cumplan las 8 semanas completas de curación antes de que se pueda hacer otra sesión de retoque o aclarado. Sin excepciones.

Aligerar y/o quitar el pigmento no deseado es un proceso largo y se requiere de paciencia. Esto aplica tanto si usted está eligiendo un servicio de pigmentación con productos de iluminación o con un tratamiento de láser.

Por favor sea paciente y dele al proceso la oportunidad justa para que trabaje.

Espere resultados visibles y deseados en 3 a 6 sesiones. Las sesiones necesarias dependerán de cuán saturado esté el pigmento, qué tan profundo se implantó y cuánto necesita ser eliminado para el resultado deseado.

En muchos casos, sólo un porcentaje de la densidad necesita ser aclarado o removido y entonces se podrá continuar con el proceso de corrección del color.

En aquellos casos en los que tengamos el pigmento fuera de lugar o en un área no deseada, la corrección de color no será una opción y la eliminación de la mayor parte del pigmento como sea posible será nuestro objetivo final.

No se pueden prever, predecir ni garantizar los resultados.

Capítulo 4
La importancia de una adecuada esterilización

Patógenos transmitidos por la sangre y las regulaciones de la Administración de Seguridad y Salud Ocupacional (OSHA)

La esterilización es un tema importantísimo y sus normas varían de estado a estado y de país a país. Es muy importante familiarizarse con las leyes de tu región.

Más allá de eso y para la protección de tu cliente y de ti mismo hay precauciones que debes tomar no importa qué.

Un maestro me aconsejó alguna vez que manejara a cada cliente como si tuviera VIH. Y yo pienso que ése es un extraordinario y sabio consejo.

Los siguientes son los requisitos legales estándar para cualquier región. De cualquier forma debes asegurarte de revisar las leyes locales de tu zona relativas a los tatuajes y a la esterilización.

Requerimientos generales:

• Poseer un Plan de Control de Prevención de Infecciones
• La instalación donde practiques el Microblading deberá está limpia, libre de insectos y roedores y deberá tener paredes, suelos y techos lisos, fáciles de lavar y libres de agujeros y ranuras.
• Todos los practicantes/ técnicos deberán estar registrados y presentar a la vista los certificados que lo avalen.
• Tener un contrato de control para la eliminación de los residuos punzantes.

- Contenedores para residuos con revestimientos en el área de procesamiento y zonas de descontaminación.
- Los contenedores de objetos punzantes correctamente rotulados y que estén dentro del alcance del brazo de los técnicos en las áreas de procedimiento y descontaminación.

Área de procedimiento/trabajo:

- Deberá estar equipada con iluminación adecuada.
- Deberá contar con un fregadero/lavabo accesible y a distancia "a la mano" con funcionamiento de agua fría y caliente. En ese lavamanos se deberá tener siempre jabón líquido y toallas de un solo uso (desechables) en un dispensador que no requiera mayor contacto.

Área de descontaminación:
(No se requiere esta área si sólo se utilizan instrumentos desechables de un solo uso y pre-esterilizados). En caso de que no sea así:

- Deberá estar separada de las áreas de procedimiento por al menos 1.5 metros o dividida por una barrera lavable.
- Deberá estar equipada con un fregadero con agua caliente y fría para limpiar y desinfectar el equipo.
- Únicamente podrán utilizarse equipos y utensilios fabricados para la esterilización de instrumentos médicos.

- Después de la instalación inicial, después de cualquier reparación, y al menos una vez al mes, la esterilización debe ser probada usando un sistema comercial de monitoreo de indicadores biológicos.

1. Un autoclave (dispositivo que sirve para esterilizar material de laboratorio), es una necesidad que deberá cubrir para esterilizar cualquier objeto que usted reutilizará.

2. Todos los instrumentos u otros artículos reutilizables deberán ser lavados, desinfectados, envasados y esterilizados después de cada procedimiento. Los envases que los contengan deberán contar con un indicador de integración o de proceso y deberán estar etiquetados con el nombre del instrumento, la fecha y las iniciales de quien procedió a la esterilización.

3. Los instrumentos usados y reutilizables deben almacenarse en líquido hasta su limpieza y esterilización. Los instrumentos o artículos reutilizables que no entren en contacto con la piel intacta se lavarán, fregarán y descontaminarán después de cada procedimiento.

4. Su autoclave necesitará ser probado con esporas una vez al mes. Los resultados de las pruebas se deberán anotar en un registro.

5. El área de descontaminación / esterilización debe estar separada de la zona de procedimiento y suministrada con un fregadero con agua corriente caliente y fría, jabón líquido en contenedor y toallas de papel en un dispensador montado en
la pared que sea fácilmente accesible para el profesional. Necesitará un contenedor de residuos lineal y contenedores de objetos punzo-cortantes.

6. Una estética o instalación de arte corporal que carezca de una sala de limpieza y equipo de esterilización deberá usar solamente instrumentos desechables, de un solo uso y pre-esterilizados; y deberá mantener registros de compra, uso, procedimientos (incluyendo el nombre del profesional y el cliente y la fecha del procedimiento). Deberá mantener esos registros durante al menos 90 días.

7. Los recipientes de material afilado deben estar al alcance del brazo, etiquetados y eliminados según el método aprobado. La documentación de disposición adecuada debe estar siempre disponible y deberá ser guardada por al menos 3 años. Los residuos cortantes incluyen, entre otros, agujas y barras de agujas, navajas y herramientas de mano si la aguja o navaja es parte de la unidad.

8. No se deberá permitir ningún tipo de alimento, bebidas, tabaco u objetos personales en el área de procedimientos.

9. El técnico o especialista deberá lavarse las manos de manera aprobada por la Secretaría de Salubridad antes del procedimiento y cuando esté sucio.

10. El fregadero donde se lavará las manos en el área de procedimientos deberá suministrar agua caliente potable y ser accesible en una distancia a la mano.

11. El técnico o especialista deberá usar equipo de protección personal apropiado, incluyendo guantes, delantal, red de pelo y tapabocas. Los guantes se deben usar todo el tiempo y, si se retiran, se debe llevar a cabo la higiene de las manos sin excepción alguna.

12. El procedimiento no se deberá realizar mientras haya otro cliente en la sala de procedimientos.

13. El cliente deberá tener, por lo menos, 18 años de edad a menos que los padres estén presentes y tengan un acuerdo firmado de consentimiento.

14. La piel del cliente se deberá lavar antes de afeitarla y justo antes de realizar el procedimiento de Microblading. La piel se deberá preparar con una solución antiséptica, antimicrobiana o microbicida.

15. El técnico deberá limpiar y descontaminar el área, las superficies sólidas y los objetos que han entrado en contacto con el cliente así como los materiales usados durante el procedimiento, incluyendo sillas, apoyabrazos, encimeras de la mesa y bandejas, entre otros, antes y después del procedimiento.

16. Una película protectora (cinta protectora plástica) se deberá utilizar en toda la máquina de tatuaje (cuerpo, clip, cordón, etc.).

17. Los productos (plantillas, marcadores, tintas y jabones) aplicados sobre la piel son de uso único y deberán ser dispensados asépticamente y/o desinfectados para su reutilización.

18. Los instrumentos y equipos limpios y/o esterilizados deberán protegerse durante el almacenamiento en recipientes apropiados e intactos. Si los envases estériles se ponen en peligro, los artículos deberán ser reprocesados antes de usarlos.

19. Se deberá evitar la contaminación cruzada durante todas las fases del procedimiento, incluyendo y no limitando, su puesta en marcha, el procedimiento en sí y el desenlace. Los residuos generados se deberán desechar inmediatamente después del uso; el uso de los guantes de los técnicos limita potenciales eventos de contaminación cruzada.

20. La instalación deberá estar separada de cualquier área residencial usada para dormir, bañarse o para preparar comida, y no debe compartir una entrada o baño con las áreas residenciales. El área de procedimiento deberá estar separada de las demás actividades del salón o estética por una pared o una división de piso a techo y deberá estar separada de todos los negocios no relacionados con el arte corporal. Esta área o cubículos sólo se deberán utilizar para realizar procedimientos de arte corporal y deberán contar con las aprobaciones necesarias según los requerimientos de su zona. No se deberá realizar ningún procedimiento de arte corporal fuera de estas instalaciones cerradas y aprobadas.

21. Las instalaciones deberán tener suelos, paredes y techos lisos, no absorbentes, libres de agujeros y ranuras y ser lavables fácilmente. Deberán estar libres de insectos y roedores y estar equipados con iluminación y ventilación adecuadas.

22. El área de trabajo, las superficies, las sillas, los apoyabrazos, el equipo, etc., deberá estar en buen estado y deberá poder desinfectarse en su totalidad.

23. El certificado de registro y el permiso de salud deberán ser colocados en un lugar visible. El propietario de la estética o centro de tatuaje, de ser necesario en su país, deberá notificar a la autoridad sanitaria correspondiente por escrito dentro de los primeros 30 días del cese o cambio de algún técnico/tatuador y no deberá permitir que un profesional trabaje sin estar registrado como especialista. El técnico/tatuador debe ser un practicante de arte corporal registrado y solo debe realizar arte corporal en una instalación de arte corporal permitida.

24. Los registros de operación y entrenamiento del técnico deberán estar presentes y siempre disponibles durante la inspección. Se deberá mantener, seguir y actualizar el Plan de Prevención y Control de Infecciones.

25. El técnico/tatuador deberá tener vigente la vacuna contra la hepatitis B y un refuerzo aplicable, deberá poder demostrar inmunidad o haber cumplido con los requerimientos federales actuales de declinación de vacunación contra la hepatitis B de OSHA (Administración de Seguridad y Salud Ocupacional) o su equivalente en cada país.

26. El técnico deberá poder proveer evidencia de haber completado la capacitación o el entrenamiento aprobado sobre patógenos transmitidos por la sangre.

27. Las instalaciones sanitarias deben ser adecuadas según las leyes, códigos u ordenanzas estatales, locales o de otra índole. El baño debe estar provisto de un fregadero con agua corriente potable, caliente y fría, jabón líquido en contenedor y toallas de papel de un solo uso de un dispensador "sin contacto" colocado de preferencia sobre la pared. Las instalaciones sanitarias aprobadas deben estar a menos de 60 metros de los cubículos

28. Una persona no deberá realizar arte corporal/ tatuajes si no está debidamente capacitada y registrada. El registro se deberá renovar anualmente o en el periodo establecido en su ciudad y país. Toda instalación donde se practique arte corporal deberá tener un permiso de salud válido o estará sujeto a posibles sanciones y/o cierre.

29. Todo instrumento o material que se considere inseguro, que se utilice de manera no aprobada o que se maneje en lugares no autorizados, podrá ser incautado por los oficiales/agentes encargados de hacer cumplir la ley.

30. Si se encuentra un peligro inminente para la salud, el oficial puede ordenar al técnico/tatuador/dueño del establecimiento que cese el funcionamiento si no se corrige el peligro. Si el peligro afecta a toda la instalación de arte corporal, entonces toda la instalación podrá ser cerrada inmediatamente. Si a una persona que no posee un registro/certificación de practicante válido se le permite trabajar, la autoridad sanitaria correspondiente en su país, puede suspender o revocar el permiso de instalación. Un organismo de ejecución local puede suspender un certificado de registro o un permiso de salud por una violación de este tipo.

Patógenos transmitidos por la sangre

Los patógenos transmitidos por la sangre son microorganismos infecciosos en la sangre que pueden causar enfermedades en los seres humanos. Estos patógenos incluyen, pero no se limitan a, la hepatitis B (VHB), la hepatitis C (VHC) y el virus de la inmunodeficiencia humana (VIH). Los pinchazos y otras lesiones relacionadas con objetos punzocortantes pueden exponer a los técnicos a patógenos transmitidos por la sangre.

Trabajadores de muchas ocupaciones, incluyendo personal de primeros auxilios, personal de limpieza en algunas industrias, enfermeras y otro personal de salud, pueden estar en riesgo de exposición a patógenos transmitidos por la sangre.

¿Cómo se propagan los patógenos y las infecciones transmitidas por la sangre?

Para que la enfermedad se propague, requiere que **todas** las condiciones siguientes estén presentes:

- Un número adecuado de agentes patógenos o de organismos causantes de enfermedad.

- Un reservorio o fuente que permita que el patógeno sobreviva y se multiplique (por ejemplo, sangre).
- Un modo de transmisión desde la fuente hasta el huésped.
- Un canal de acceso a través del cual el patógeno puede entrar en el huésped.
- Un huésped susceptible (es decir, uno que no es inmune).

Las estrategias eficaces de control de la infección previenen la transmisión de enfermedades al interrumpir uno o más eslabones de la cadena de infección.

Los líquidos corporales, especialmente aquellos visiblemente contaminados con sangre, tienen el potencial de transmitir enfermedades. Esto se da, cuando un objeto afilado contaminado corta o pincha la piel, (ejemplos de vías parenterales: aguja, uso de drogas ilegales, corte de vidrio roto, mordedura); cuando un fluido corporal infectado entra en un corte abierto o membrana mucosa (dentro de los ojos, boca, oídos o nariz) y cuando un objeto contaminado toca la piel inflamada, el acné o una abrasión de la piel.

Contacto directo- ocurre cuando los microorganismos son transferidos directamente de una persona infectada a otra persona. Por ejemplo, la sangre infectada de una persona entra en el cuerpo de otra persona a través de un corte abierto.

Contacto indirecto- implica la transferencia de un agente infeccioso a través de un objeto o persona contaminada. Por ejemplo, cuando un enfermero no se lava las manos después de atender a alguien con fluidos corporales infectados y trata a otros pacientes. O cuando se tiene contacto parenteral (punción) con una aguja.

Transmisión aérea- ocurre cuando las gotitas o pequeñas partículas en el aire contienen agentes infecciosos que permanecen activos a lo largo del tiempo y la distancia. La tuberculosis es una enfermedad común que se propaga de esta manera. Los patógenos transmitidos por la sangre no suelen propagarse de esta manera.

Los clientes deberán proporcionar su "consentimiento informado"

Para proporcionar su consentimiento informado, el cliente deberá ser notificado o deberá leer un formulario de consentimiento y aceptación que incluya una descripción del procedimiento, una descripción de qué esperar después del procedimiento, una declaración sobre la naturaleza permanente del arte corporal (en el caso del Microblading de cejas, esta declaración debe contener el tiempo aproximado que durará el pigmento en la piel); un aviso de que las tintas del tatuaje, los colorantes y los pigmentos no han sido aprobados por la administración federal de los alimentos y de la droga y que las consecuencias y riesgos de salud al usar estos productos son desconocidos.

Los formularios de consentimiento informado también deben incluir un cuestionario de salud del cliente para determinar, entre otros, si la cliente está embarazada, si tiene un historial de herpes o

infecciones en el sitio del procedimiento. Si padece diabetes, hemofilia u otro trastorno hemorrágico o enfermedad valvular cardiaca, si tiene alergias al látex o a los antibióticos, si tiene antecedentes de uso de medicamentos, incluyendo antibióticos prescritos antes de procedimientos dentales o quirúrgicos o si tiene otros factores de riesgo para la exposición a patógenos transmitidos por la sangre.

Se le deberá proveer de instrucciones de cuidados posteriores al procedimiento.

¿Qué se puede hacer para controlar la exposición a patógenos transmitidos por la sangre?

Con el fin de reducir o eliminar los riesgos de la exposición profesional a patógenos transmitidos por la sangre, el empleador debe implementar un plan de control de exposición a estos riesgos para el lugar de trabajo con detalles sobre las medidas de protección de sus empleados. El plan también debe describir cómo el empleador usará los controles de prácticas de ingeniería y trabajo, ropa y equipo de protección personal, capacitación de empleados, vigilancia médica, vacunas contra la hepatitis B y otras provisiones según lo requerido por la Norma de Patógenos de la Sangre de la OSHA (Administración de Seguridad y Salud Ocupacional).

Si el técnico/tatuador se pinchó con una aguja u otro objeto punzante o si tiene sangre en los ojos, nariz o boca, o una cortada en la piel, deberá inundar rápidamente el área expuesta con agua y limpiar cualquier herida con agua y jabón o con un desinfectante para la piel. Deberá informar rápidamente a su empleador y buscar atención médica inmediata.

Requisitos para el funcionamiento seguro del arte corporal

• Lávate y sécate las manos antes de comenzar un procedimiento.

• Ponte un delantal, un babero o un peto y un equipo de protección personal apropiados para la tarea.

• Usa guantes de látex desechables, no usados, justo antes del procedimiento y usa los guantes durante todo el procedimiento. Lávate las manos y cámbiate los guantes si ocurre contacto con superficies que no sean la piel del cliente o los instrumentos utilizados en el procedimiento o si el guante está perforado o roto.

• Aplica antiséptico, antimicrobiano o microbicida a la piel del cliente inmediatamente antes del procedimiento.

- Usa una maquinilla de afeitar de un solo uso para afeitar al cliente y deshazte de la navaja de afeitar en el contenedor especial para objetos punzocortantes.

- Únicamente se pueden utilizar agujas de un solo uso y barras de agujas de un solo uso y deben desecharse en el contenedor de objetos punzocortantes.

- Cualquier parte de una máquina de tatuaje que pueda ser tocada por un técnico durante el procedimiento debe ser cubierta con una funda de plástico desechable que se debe descartar al completar el procedimiento.

- Aquellos instrumentos que no sean las agujas y las barras de agujas que también entren en contacto con la piel deberán ser de uso único o lavados, desinfectados, envasados y esterilizados después de cada procedimiento.

- Sólo pueden utilizarse tintas, colorantes y pigmentos fabricados comercialmente y deben ser aplicados de manera que se evite la contaminación del contenedor de almacenamiento y del contenido restante.

- Después del procedimiento, se deberán de lavar y desinfectar los instrumentos utilizados y descontaminar la estación de trabajo y áreas de procedimiento.

• No se deben permitir alimentos, bebidas, productos de tabaco o efectos personales en el área de procedimiento.

• Los animales, con excepción de los animales de servicio cuya presencia sea indispensable, no están permitidos en el área del procedimiento o en el área de descontaminación-esterilización.

Requisitos para la descontaminación y esterilización

• Cada instrumento que venga embalado debe tener una etiqueta apropiada.

• Cada carga de esterilización se deberá monitorear con un integrador clase V.

• Las unidades de esterilización deben ser manipuladas, operadas, descontaminadas y conservadas de acuerdo con las especificaciones del fabricante.

• Se deberá hacer un registro por escrito de cada ciclo de esterilización que incluya la fecha, el contenido, el tiempo de exposición y la temperatura; y los resultados del integrador clase V deben permanecer en el lugar durante dos años.

• Los paquetes de esterilización deberán ser inspeccionados antes del almacenamiento y, de nuevo, antes de su uso. Ante cualquier irregularidad no deberán utilizarse.

Precauciones estándar

Se deben tratar todos los fluidos corporales de cada persona como potencialmente infecciosos.

Se deben seguir las recomendaciones del empleador contenidas en el Plan de Control de Exposición de Patógenos Transmitidos por la Sangre.

El Plan de Control de Exposición de Patógenos Transmitidos por la Sangre del empleador deberá incluir:

- Los diferentes niveles de riesgo de los empleados que pueden tener exposición.
- Requisitos de formación.
- Controles de prácticas laborales.
- Controles de ingeniería.
- Procedimiento para un incidente de exposición.

Uso de equipo de protección personal

Guantes, protectores faciales para RCP, tapabocas, batas, protección para los ojos.

Se debe saber dónde está el equipo de protección personal en su lugar de trabajo.

Se debe saber qué equipo de protección personal está disponible y cómo se debe usar.

Se debe asegurar que los botiquines de primeros auxilios y los suministros de emergencia incluyan guantes desechables y protectores faciales para RCP
o tapabocas.

Cómo reducir tu riesgo

• No comas, bebas, fumes, apliques cosméticos o manejes lentes de contacto en áreas donde existe la posibilidad de exposición a patógenos transmitidos por la sangre

• Al vaciar los contenedores de basura, no uses las manos para comprimir la basura en la bolsa. Levanta y lleva al depósito correspondiente la bolsa de basura colocándola lejos de tu cuerpo.

• Mantén la carga de lavandería contaminada separada de otras cargas. Envuelve y aísla la carga de lavandería potencialmente contaminada directamente en el lugar donde se usó.

• Usa bolsas herméticas para ropa mojada. Transporta todo en bolsas adecuadamente etiquetadas.

• La Ley de Prevención y Seguridad por pinchazos de agujas requiere dispositivos médicos más seguros y apropiados, disponibles comercialmente y efectivamente diseñados para eliminar o minimizar el riesgo y la exposición dentro de los centros de trabajo.

- Las agujas y otros objetos punzocortantes se deben desechar en recipientes rígidos, a prueba de fugas y resistentes a la perforación.

- No se deben doblar, cortar, romper o recargar las agujas.

- Si tienes que recapitular una aguja, usa el método de una sola mano.

Eliminación de desechos peligrosos

Se consideran materiales peligrosos, entre otros, la sangre líquida o semilíquida u otros materiales potencialmente infecciosos. Los artículos contaminados que liberen sangre u otros materiales potencialmente infecciosos en estado líquido o semilíquido si se comprimen.

Se deben desechar en un recipiente de riesgo biológico debidamente etiquetado: dentro de una bolsa roja o en un recipiente con la etiqueta naranja o naranja con rojo con el símbolo o logo de Bio-Hazard (riesgo biológico).

Los desechos debidamente etiquetados y empaquetados deberán ser manejados y eliminados de acuerdo a los procedimientos establecidos dentro de la instalación de trabajo.

Procedimiento de limpieza

• Se deberá usar una solución de 1 parte de blanqueador doméstico mezclado con 9 partes de agua (una solución 1:10).

• Se pueden utilizar otros desinfectantes comerciales registrados en la Agencia de protección del medio ambiental como eficaces contra el VIH / VHB. Comprobarlo en la etiqueta.

• Siempre se debe usar equipo de protección personal.

• Si se tiene disponible un Kit de derrame de líquidos corporales, se deberá utilizar según las instrucciones del fabricante.

• Primero, se deberá poner el equipo de protección personal. En seguida se deberá retirar el material visible con toallas absorbentes. En caso de que algún objeto afilado o vidrios rotos sean visibles, se deberán tomar con pinzas o con el recogedor y ponerse en un contenedor rígido sellado. Nunca se deben utilizar las manos descubiertas.

• Se deberá rociar desinfectante en la zona contaminada y dejar reposar durante varios minutos.

• Una vez que el área ha sido desinfectada, se deberá secar la zona con toallas absorbentes y desecharlas en basura regular.

Eliminación adecuada de los guantes

• Se deberá agarrar el guante cerca de su mango y jalarlo hasta que se voltee y salga por el revés. Se debe retirar con la palma de la mano que sigue enguantada.

• Ahora, se deberán colocar dos dedos de la mano desnuda dentro del mango del guante restante.

• Se deberá deslizar el guante hacia abajo de modo que también salga de adentro hacia afuera y quede sobre el primer guante.

• Se deberán desechar los guantes adecuadamente.

• Se debe tener presente que solamente se deberán tocar guante con guante y piel con piel.

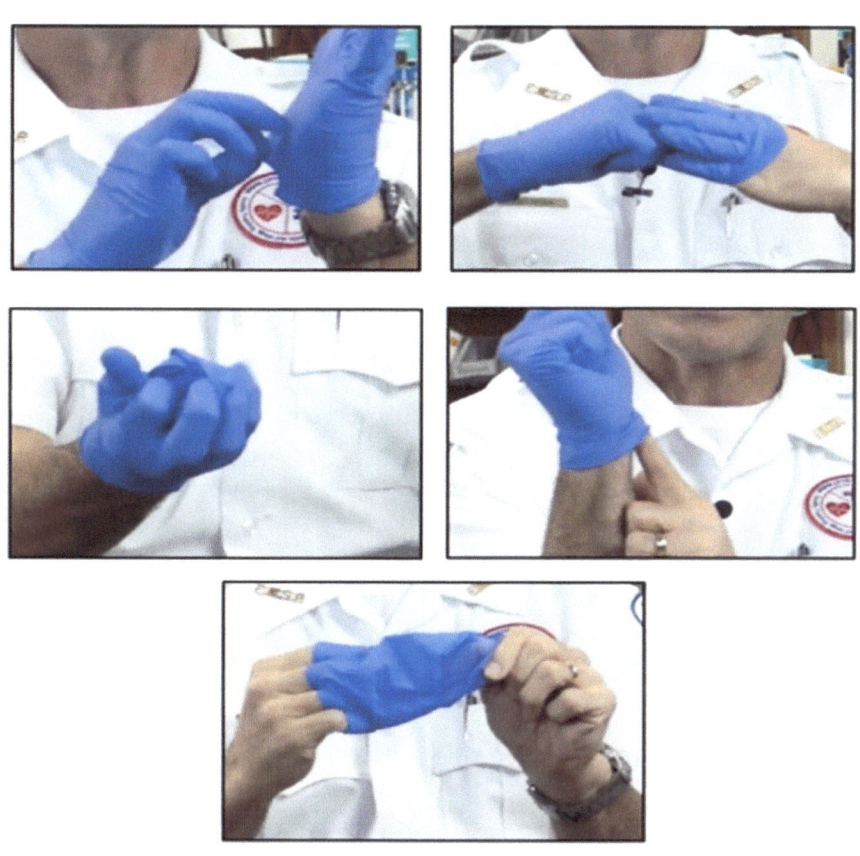

Incidente de exposición

• Un incidente de exposición se define como aquel en donde una membrana mucosa específica o piel abierta entra en contacto con la punción de sangre u otros materiales potencialmente infecciosos como resultado del desempeño de los deberes de un empleado.

• Si se cree que se ha estado expuesto, se deberá descontaminar inmediatamente, informar al supervisor y buscar tratamiento médico. Es necesario que un doctor realice una evaluación médica inmediata y confidencial y que le dé seguimiento.

• Después del incidente, se deberán completar los formularios tan pronto como le sea posible a la persona expuesta. No se deberá retrasar el tratamiento médico para llenar el papeleo. Los formularios y las siguientes acciones se deberán llevar a cabo de acuerdo con las políticas y procedimientos del empleador.

Uso del agua esterilizada en el tatuaje

El uso de aguas no estériles en las actividades de tatuaje se ha asociado con una serie de infecciones de la piel causadas por bacterias como legionella, pseudomonas y micobacterias. Estas infecciones pueden dar como resultado enfermedades graves y, cuando no se tratan, pueden ser fatales.

Incluso las infecciones leves pueden ocasionar cicatrices de la piel y daños en el tatuaje. El agua que no es estéril, (incluyendo la del grifo, aguas embotelladas, la filtrada por ósmosis inversa y el agua destilada), puede no ser segura para limpiar la piel, enjuagar las agujas y diluir las tintas que se inyectan en la piel.

Los Centros para el Control y la Prevención de Enfermedades recomiendan el uso de agua estéril al tatuarse. Otra opción segura es el uso de solución salina estéril. Si bien no existen reglamentos vigentes que exijan esta práctica, los técnicos/tatuadores interesados

en la salud y seguridad de sus clientes han incorporado el uso de agua estéril o solución salina estéril para la dilución de la tinta, el enjuague de las agujas y el enjuague de la piel durante sus procedimientos de tatuaje.

El uso de agua estéril o solución salina estéril puede ayudar a proteger a sus clientes de las infecciones de la piel causadas por el uso de agua común que pueden dañar su salud y dañar también el arte corporal que se creó para ellos.

Capítulo 5
Conociendo a los Fitzpatricks

Los tonos de la piel y sus matices

La escala de Fitzpatrick fue desarrollada en 1975 por el Dr. Thomas Fitzpatrick, un dermatólogo de la Universidad de Harvard. Nuestra sociedad ha cambiado bastante poco desde entonces pero uno de los desafíos a los que se enfrenta actualmente la tipificación de la piel es que nos estamos convirtiendo cada vez más en seres multirraciales y multiétnicos, por lo que, el color de nuestra piel por sí sola ya no puede determinar la reactividad a los productos.

Por ejemplo, normalmente asociamos pieles sensibles con pieles muy delgadas, claras y delicadas. Pero la piel negra también puede ser muy sensible. ¿Qué le sucede a la piel si es multirracial? Ciertamente, es más desafiante el reto para predecir correctamente cómo responderá la piel ante los diferentes procedimientos a los que se somete. Sin embargo, la escala de Fitzpatrick sigue siendo una herramienta muy útil para predecir, por ejemplo, cómo la piel reaccionará a los diferentes pigmentos.

El color de tu piel se correlaciona directamente con la cantidad de melanina en ella. Ésta puede ser información vital cuando se determina cuánto ingrediente modificador necesitarás para crear el color que quieres.

La escala se divide en seis diferentes tipos de piel. Echa un vistazo a los diferentes indicadores para cada tipo para determinar a qué categoría pertenece la piel que tratarás.

(TRADUCCIÓN RECUADRO:)
La Escala Fitzpatrick

Tipo I: Muy clara, blanca pálido
Siempre se quema, nunca se broncea.

Tipo II: Blanca
Usualmente se quema y con dificultad se broncea

Tipo III: Blanco medio a aceitunada
Algunas veces se quema levemente, se broncea en un tono apiñonado.

Tipo IV: Apiñonada a morena clara
Raramente se quema, se broncea con facilidad en un tono marrón moderado.

Tipo V: Morena a morena oscura
Pocas veces se quema, fácilmente se broncea.

Tipo VI: Negra, morena muy oscura a negra.
Nunca se quema, se broncea fácilmente, está muy pigmentada.).

Tipo 1: Los tipos de piel de tipo 1 tienen la menor cantidad de melanina en la piel. Ésta sólo se quema, nunca se broncea. Es una piel muy pálida sin matices visibles. El color del cabello que la acompaña es rojo o rubio. A veces se tienen pecas y los ojos de las personas con este tipo de piel son azules o verdes.

Tipo 2: Los tipos de piel de tipo 2 también son muy pálidas con muy poca melanina. Al sol, sólo se queman y nunca se broncean. Esta piel a veces puede tener matices rosados y se puede tener el cabello oscuro, aunque casi siempre se tiene rubio o castaño claro. Los tonos de los ojos van del azul claro al verde oscuro y avellana.

Tipo 3: Quien tiene una piel tipo 3, se puede quemar al principio de las exposiciones al sol pero logrará broncearse fácilmente después. Su tono de piel va de un blanco medio a aceitunado y tiene más melanina que los 2 tipos anteriores. Sus ojos son a veces avellana oscura pero sobre todo marrón oscuro. Su cabello es castaño.

Tipo 4: Su piel va de color aceitunado a un moreno claro, se broncea fácilmente y pocas veces se quema. Se tienen cabello y ojos oscuros.

Tipo 5: La piel tipo 5 es morena oscura, se broncea muy fácilmente y rara vez se quema. El cabello oscuro, los ojos oscuros y la piel oscura son características en este tipo.

Tipo 6: Es el tipo de piel más oscura, muy pigmentada por lo que casi nunca se quema pero se broncea muy fácilmente. Sus ojos y cabello son casi siempre oscuros.

¿Qué es el matiz de la piel?

El matiz de nuestra piel no se trata de la claridad u oscuridad de la misma, sino de cuál es el color que viene de debajo de la superficie de la piel y que afecta la calidad tonal general de ésta. Ya sea que tengamos la piel muy clara, media u oscura, nuestra piel puede tener matices fríos, cálidos o neutros. Entonces, ¿cómo determinar esos matices en un cliente?

Básicamente, esto lo resume:
- Frío: Destellos de coloración rosada, violeta o azulada, tez sonrosada.
- Cálido: La piel puede verse cetrina, se sesga hacia el amarillo, el color durazno o el dorado.
- Neutral: No tiene matices obvios de piel rosada o cetrina, sino más bien el color natural de la piel es el más evidente.

Otras guías:

1. Comprueba sus venas
Sube las mangas a tu cliente y mira sus venas en el interior de su muñeca. ¿Son azules o verdes? Si se ven más azules, es probable que tenga tonos fríos. Si las venas parecen verdosas, estarás frente a un tipo cálido. Vale la pena señalarles aquí chicas que las venas no son realmente verdes, las ven así porque lo hacen a través de una piel de tonos amarillos (amarillo + azul = verde).

2. Color de ojos y cabello
Los colores naturales de ojos y cabello pueden ayudarte a descubrir su matiz. Habitualmente, las personas de tonos fríos tienen ojos azules, grises o verdes y tienen cabello rubio, marrón o negro con tonos azules, plateados, violetas y cenizos. Por el contrario, las mujeres de tono cálido suelen tener ojos marrones, ámbar o avellana con cabello rubio afresado, rojo, marrón o negro con tonos dorados, rojos, anaranjados o amarillos.

3. Efectos del sol
Como sugiere la escala de Fitzpatrick, cuando se está afuera en el sol, ¿la piel se vuelve dorada, o se pone rosa primero y se quema y? En la primera categoría encajan las personas de tonos cálidos, mientras que, las de los tonos fríos, tienden a

quemarse (aquí las chicas de piel clara simplemente se queman, mientras que las chicas de piel mediana se queman y se broncean).

4. La prueba del paño blanco
Coloca un pañuelo blanco al lado de la cara limpia y despejada de tu cliente y observa qué matiz asume su piel. La piel con matices cálidos aparecerá de color amarillento, mientras que la piel con tonos fríos parecerá azulada o rosada. Si los resultados de la prueba te están saliendo mezclados, es posible que, de hecho, tenga tonos neutros.

5. ¿Te ruborizas fácilmente?
Pregunta esto a tu cliente. Si es así, entonces ella está en el lado frío.

6. ¿Con quién la identificas?
Piensa en celebridades.
Scarlett Johansson, Anne Hathaway, Lucy Liu, Demi Moore, Courtney Cox, Sandra Bullock, Jennifer Hudson, y Amanda Seyfried tienen tonos fríos.

Nicole Kidman, Jennifer López, Beyoncé, Jessica Alba, Kate Hudson, Diane Sawyer y Kim Kardashian son cálidas

Capítulo **6**
Entendiendo a los pigmentos

Elegir los modificadores de color correctos para cada tipo de piel.

Sería muy bueno que el color que eligieras fuera el color con el que terminaras, pero también hace mucho sentido que el pigmento o el color de la piel que estás trabajando contribuya, a su manera, con el color elegido. Conocer los colores y sus modificadores para luego aprender cómo usarlos y en qué tipos de tonos de piel, sería en sí misma una clase completa.

Si usas pigmentos "Li", que muchos lo hacen, Teryn Darling y Mary Ritcherson te dan un excelente curso en línea sobre la teoría del color. Pero para cualquier línea de pigmentos que decidas utilizar asegúrate de que te brinden un buen apoyo educativo.

Al seleccionar un pigmento para tu cliente, debes utilizar tu experiencia y proyectar rápidamente en tu mente el efecto que el tono de la piel del cliente tendrá en relación con el pigmento que le estás poniendo en la piel.

El color del pigmento + el tono de la piel = color resultante

La pregunta obvia con respecto a los pigmentos es por qué no podríamos tener colores que produzcan el mismo color que se ve cuando están en la botella, y la razón es, porque todos tenemos diversos matices de la piel que afectan en los colores que utilizamos. Por eso es tan importante conocer cuál es la escala de Fitzpatrick de cada cliente y obtener una capacitación sobre el color de cualquier línea de pigmentos que elijas para trabajar.

Los pigmentos casi siempre tenderán a su lado frío (azules y verdes). Algunos más que otros.

Cómo se desteñirá el color cuando llegue el momento, tiene todo que ver con la calidad del pigmento que estés usando. Hay un montón de nuevas empresas apareciendo cada mes. Algunas serán buenas, la mayoría no lo serán. Debes tener mucho cuidado al elegir la línea de pigmentos que vas a usar. Recuerda que estarás implantándolos en la piel de la gente. Pigmentos baratos o de baja calidad pueden causarte todo tipo de problemas, el peor de ellos podría ser una reacción alérgica a algunos de sus ingredientes.

Una vez que compras una línea entera de pigmentos resulta muy costoso cambiarte a otra marca, así que, ten mucho cuidado al elegir la marca de pigmentos que quieres utilizar. Asegurarte que la línea de pigmentos elegida tenga entrenamiento, capacitación y apoyo para ti. Es una de las preguntas básicas que deberás hacer a tu entrenador o capacitador. Querrás llegar a conocer sus pigmentos y modificadores de color muy bien antes de empezar a emplearlos. Prefiere siempre errar en el lado del "demasiado ligero", al comenzar, porque es mucho más fácil de reparar que el del "demasiado oscuro".

Para los tipos de piel y tonos, todas las reglas son generales. Por ejemplo, los tipos I y II de piel de la escala Fitzpatrick son casi siempre fríos (la piel rosada se considera fría) y los pigmentos para estos tipos de piel necesitarán avivarse con los modificadores de color con base en rojos o anaranjados.

¿Cuánto tendrá que ser avivado? Dependerá de que tan frío es el tono de la piel para empezar. Aquí es donde la experiencia se convierte en tu mejor asesor. Si no estás muy segura, puedes tomar una fotografía de tu cliente en la consulta y publicarla en las páginas de Microblading de Facebook, de seguro obtendrás muchísima ayuda y asesoramiento.

La piel de Fitzpatrick en las categorías III, IV y V, generalmente no son tan frías y pueden tener amarillo, y muy a menudo, la mujer de Oriente Medio, tiene tonos morados que pueden ser equilibrados con modificadores de color basados en verdes o violetas. Una vez más, cuánto modificador necesitarás dependerá de la intensidad de sus matices.

Aquí es donde conocer tu rueda de color te resultará muy útil para elegir los modificadores adecuados. Una comprensión clara de la teoría del color es el primer paso para saber cómo contrarrestar los colores no deseados y producir hermosos colores para tus clientes.

Comenzamos con una rueda de color de 3 partes

Primary Colors   Secondary Colors   Tertiary Colors

Colores primarios   colores secundarios   colores terciarios

Colores primarios: Rojo, amarillo y azul

En la teoría tradicional del color (utilizada en la pintura y los pigmentos), los colores primarios son los 3 colores de pigmentos que no pueden ser mezclados o formados por ninguna combinación de otros colores. Todos los demás colores se derivan de estos 3 tonos.

Colores Secundarios: Verde, naranja y morado
Estos son los colores formados mezclando los colores primarios.

Colores terciarios: Amarillo-anaranjado, rojo-anaranjado, rojo-púrpura, azul-púrpura, azul-verde y amarillo-verde. Estos son los colores formados mezclando un color primario y un color secundario.

Es por eso que el tono es un nombre de dos palabras, como azul-verde, rojo-violeta y amarillo-naranja.

La rueda del color

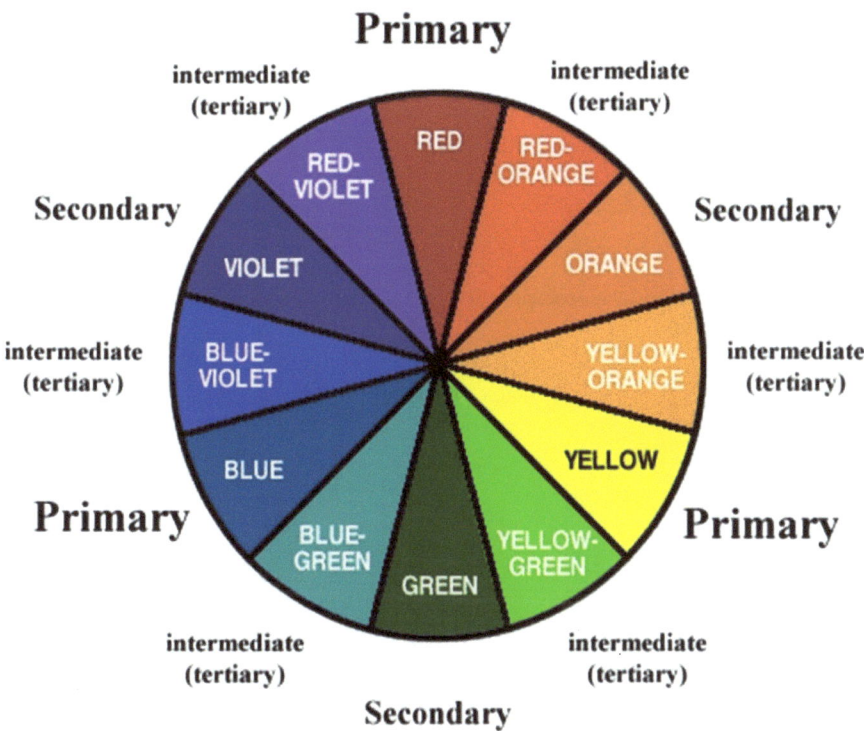

Esquema de colores opuestos

Los colores que son opuestos en la rueda de color se neutralizan entre sí y son la forma de contrarrestar los colores no deseados (por ejemplo: rojo y verde se cancelan entre sí) , esto te sirve saberlo para también crear los colores que sí deseas, (por ejemplo: añadir amarillo a tu pigmento para crear un tono dorado).

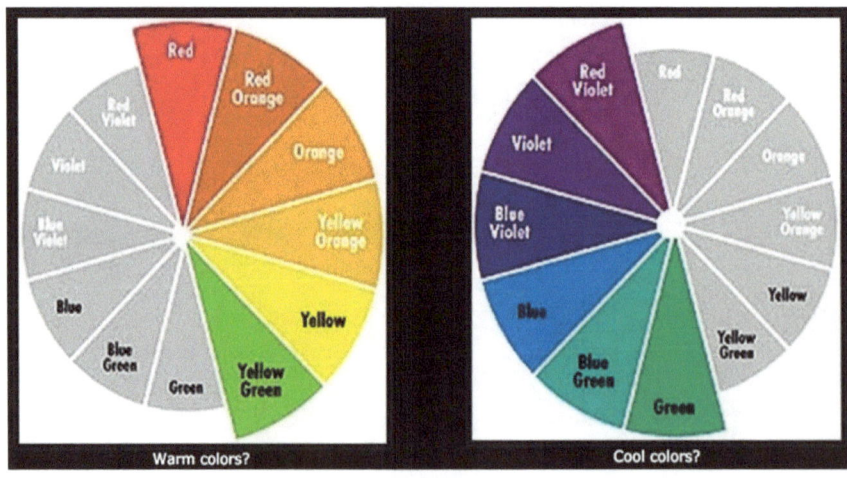

El primer paso para comprender el concepto, es comprender que el tono superficial de nuestra piel es el color que nosotros describiríamos que tenemos (marfil, claro, moreno, bronceado, oscuro, etc.). El matiz de tu piel es el color debajo de su superficie. Tú puede tener el mismo color de piel que alguien más, pero un matiz diferente, que se desglosa de esta manera:

- **Frío** (Tonos de color rosa, rojo o azulado).
- **Cálido** (Amarillo, melocotón, tonos dorados).
- **Neutral** (Una mezcla de tonos cálidos y fríos).

Un gran malentendido es que las niñas pálidas no pueden ser de tono cálido. De hecho, muchas mujeres de piel clara, tienen matices cálidos (Nicole Kidman es una de ellas), y otro gran malentendido es que las mujeres de piel oscura no tienen tonos fríos (el supermodelo Alek Wek es un tono frío).

Colores cálidos y frescos

El círculo de color se puede dividir en colores cálidos y fríos. Blanco, negro y gris se consideran neutros.

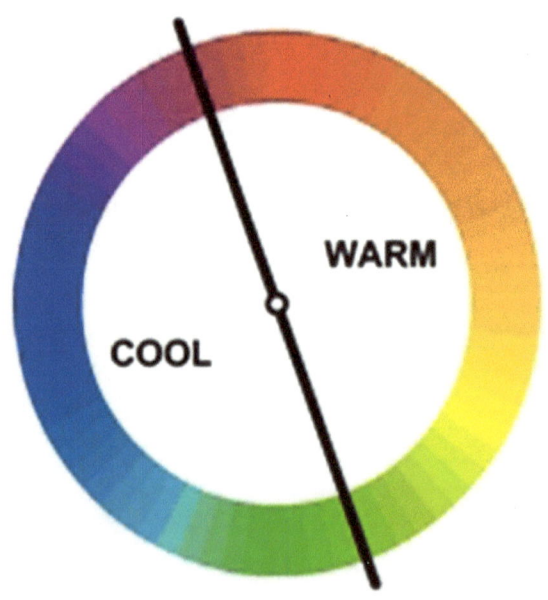

Capítulo 7
¿Adormecer o no la piel?

Cuándo, qué y cómo aplicar anestesia

Este es el tema más controvertido de todos los que hay sobre Microblading: Si se debe adormecer o no la piel antes de los primeros trazos.

Los perfeccionistas dicen que el adormecimiento cambia la colocación de las cejas y constriñe el flujo de sangre que interfiere con la capacidad de "leer" la piel.

La opinión opuesta es que, mantener al cliente cómodo, evitando que se retuerza o se mueva durante el procedimiento, es lo que producirá los mejores resultados, y, te dirán que nunca han tenido un problema con este adormecimiento previo.

Ambos defienden buenos puntos.

> **Trivia:**
> *¿Sabías que cuando tu cuerpo siente dolor se estresa y a su vez bombea mucha más sangre?*
> *¿Es verdad que los estudios muestran que las personas pelirrojas son naturalmente más sensibles al dolor y menos receptivas a las cremas adormecedoras de la piel?*

Si eliges adormecer la piel de tu cliente antes del procedimiento, lo mejor será utilizar una crema anestésica que sea tópica y de acción rápida, pero que sólo funcione en la superficie. Por lo general, la anestesia deja un residuo aceitoso que, si se deja en la piel, afectará la consistencia de la tinta. Esto podría hacer que la tinta no penetre lo suficientemente profundo. Por eso es importante asegurarse de que todos los residuos de anestesia se limpien por completo de la piel antes de comenzar el procedimiento.

Una vez que la piel se penetra, el agente del gel anestésico funcionará mejor. Se calmará desde adentro hacia afuera y funcionará como anestesia tópica. Esto también reducirá el trauma y la incomodidad a tu cliente.

De los 4 agentes anestésicos clave: lidocaína, tetracaína, benzocaína y epinefrina, la lidocaína es la que encontrarás en casi todos los productos anestésicos para hacer tatuajes. Los anestésicos tópicos de venta libre (por lo menos los hechos en los Estados Unidos), pueden contener hasta 5% de lidocaína. Cuanto mayor sea el porcentaje, más eficaz será el producto para mitigar las terminaciones nerviosas y hacer que la sesión de maquillaje permanente sea más cómoda.

Encontrarás que muchos productos anestésicos para tatuajes también contienen tetracaína o benzocaína, si no es que ambos. Estos ingredientes son en realidad bloqueadores de nervios en lugar de amortiguadores como lo es la lidocaína. No impiden completamente que los nervios envíen señales de dolor al cerebro, pero ablandan el impacto.

La epinefrina es un ingrediente un poco más controvertido que encontrarás también en algunos anestésicos tópicos para la realización de tatuajes. Es un vasoconstrictor y uno de los más potentes ingredientes de anestésicos tópicos que hay disponibles sin requerir una receta médica.

Los vasoconstrictores hacen que los vasos sanguíneos se contraigan y minimicen el sangrado y la hinchazón durante el procedimiento de Microblading. Dado que los vasoconstrictores también disminuyen la velocidad con la que el cuerpo absorbe un gel, un spray o una crema anestésica tópica, también mantienen más cómodo al cliente durante el procedimiento. Sin embargo, demasiada epinefrina puede causar que la frecuencia cardíaca se acelere, así que deberás usarla con moderación, especialmente, en pacientes con alta ansiedad.

A continuación te comparto un artículo completo que encontré sobre las cremas anestésicas que explica sus ingredientes y cómo, cuándo y cuáles debes usar.

Opciones anestésicas para tatuajes

ARTÍCULO

Título original: TATTOO ANESTHETIC OPTIONS*
5/Jul/2015
By Laura on Information Center, Tattoo Information.
*Artículo tomado de:
https://info.painfulpleasures.com/help-center/information-center/tattoo-anesthetic-options

Algunas personas dicen que hacerse un tatuaje lo es todo sobre el dolor, que se sienten más vivos cuando las agujas del tatuaje están perforando su piel. Hay también muchos artistas del tatuaje que creen que el dolor de conseguir un tatuaje es una parte básica del proceso y que no se debe minimizar. Sin embargo, hay un montón de personas también que desesperadamente quieren un tatuaje, pero vacilan porque están preocupados de su capacidad para manejar el factor dolor.

Afortunadamente, hay una solución que nivela el campo de acción, y lo hace de modo que, incluso aquellos con umbrales de dolor muy bajos, puedan tatuarse más cómodamente: los anestésicos para tatuajes –cremas y geles anestésicos–.

Los anestésicos para tatuajes ¿realmente funcionan? Y, si es así, ¿cómo funcionan? ¿Hay alguna combinación ideal de productos anestésicos para tatuaje que proporcione el alivio máximo del dolor durante el proceso de tatuaje?

Respondemos a estas preguntas y más y discutimos algunos de los mejores productos anestésicos para tatuajes en el mercado en la siguiente sección.

Los anestésicos para tatuajes ¿realmente funcionan?

La respuesta corta a esta pregunta es sí, los productos anestésicos para tatuajes pueden ser muy eficaces a pesar de que son sólo tópicos. No todos los anestésicos para tatuaje se crean igual, sin embargo, idealmente, lo mejor es utilizar un anestésico para tatuaje que contenga uno o más de los siguientes ingredientes clave, que tienen un impacto diferente en las señales de dolor enviadas a su cerebro durante el proceso de tatuaje: lidocaína, tetracaína, benzocaína y/o epinefrina. También hay aditivos naturales que pueden mejorar el poder de un anestésico tópico como el mentol, alcanfor, aceite de tea tree y raíz de consuelda, sólo para nombrar algunos.

¿Cómo funcionan los productos anestésicos para tatuajes?

De los cuatro anestésicos clave enumerados arriba, la lidocaína es la que encontrarás en casi todos los productos anestésicos para tatuajes. Los anestésicos tópicos de venta libre fabricados en los Estados Unidos pueden contener hasta 5% de lidocaína; cuanto mayor sea el porcentaje, más eficaz será el producto en las terminaciones nerviosas amortiguadoras del dolor, haciendo que el proceso de tatuaje sea más cómodo. Es un ingrediente clave para minimizar el dolor del piquete inicial de las agujas del tatuaje cuando golpean la piel y puede evitar que los clientes vacilen y se contraigan tanto que puedan comprometer sus diseños de tatuajes.

Encontrarás que muchos productos anestésicos para tatuajes también contienen tetracaína o benzocaína, si no es que ambos. Estos ingredientes son en realidad bloqueadores de nervios en lugar de amortiguadores como lo es la lidocaína. No impiden completamente que los nervios envíen señales de dolor al cerebro, pero ablandan el golpe de esas señales de dolor, convirtiendo el dolor de "OH DIOS MIO" a un nivel más leve de incomodidad que podría provocar un "Ooh!" en su lugar.

La epinefrina es un ingrediente un poco más controvertido que encontrarás en algunos anestésicos tópicos para la realización de tatuajes. Es un vasoconstrictor y uno de los más potentes ingredientes de anestésicos tópicos que hay disponibles sin requerir una receta médica. Los vasoconstrictores hacen que los vasos sanguíneos se contraigan, y minimicen el sangrado y la hinchazón durante el procedimiento de Microblading. Dado que los vasoconstrictores también disminuyen la velocidad con la que el cuerpo absorbe un gel, un spray o una crema anestésica tópica, también mantienen más cómodo al cliente durante el procedimiento. Sin embargo, demasiada epinefrina puede causar que la frecuencia cardíaca se acelere, así que deberás usarla con moderación, especialmente, en pacientes con alta ansiedad.

¿Cuál es la combinación más eficaz de anestésicos para tatuajes?

Debe transcurrir un cierto tiempo para que el cuerpo absorba un anestésico tópico y que éste sea totalmente efectivo, por lo que, cuando se aplica uno, es todavía más importante definir cuál se aplicará. Algunas opciones anestésicas para el tatuaje son más rápidas que otras, habrá que ver también cuáles son buenos "boosters" (potenciadores) para aplicarlos como capas secundarias a lo largo del proceso.

Cuando se utiliza un anestésico para tatuaje que contiene epinefrina, no se debería tener que volver a aplicar otra dosis con tanta frecuencia mientras se realiza el tatuaje para mantener el nivel de comodidad de tu cliente.

Idealmente, los clientes deberían aplicarse una capa inicial de anestesia tópica en crema, spray o gel, antes de salir de casa para dirigirse a tu establecimiento.

Si tienes un procedimiento agendado con un cliente que está preocupado por el factor dolor, anímalo a que adquiera con anterioridad un anestésico para tatuajes como puede ser la crema "Tattoo Soothe Cream" o el gel "Hush Anesthetic Gel" o similares, para aplicarlo una hora antes de que tenga que llegar para ser tatuado. Para obtener resultados óptimos, deben aplicar una capa gruesa del producto sobre el área donde será realizado el tatuaje y, a continuación, cubrirla con envoltura plástica adherible para propiciar la máxima absorción.

Si tú esperas a aplicar un anestésico tópico en tu establecimiento justo antes de tatuar a alguien, el cliente tendrá que esperar en algún lugar de 15 a 60 minutos antes de que puedas comenzar a trabajar en él con el fin de obtener el mayor beneficio de la anestesia tópica aplicada.

Durante el proceso de preparación de la piel para realizar el tatuaje, considera la posibilidad de lavar la piel de tus clientes con un producto como lo es el jabón de espuma "H2Ocean's Nothing Pain-Relieving Foam Soap" o jabones que contengan bactine como el "Green Soap enhanced with Bactine" para reforzar los efectos de cualquier anestésico tópico aplicado anteriormente.

Estos limpiadores antisépticos para la piel también contienen lidocaína y otros agentes anestésicos que amplificarán los efectos de cualquier anestesia tópica ya aplicada.

Si comienzas a tatuar a un cliente con un umbral de dolor bajo y descubres que todavía se siente muy incómodo, puedes aplicar una capa secundaria de algún anestésico tópico de acción rápida como el "Tattoo Soothe Topical Anesthetic Gel", el "Hush anesthetic" en spray o el gel "Feel Better Now".

Estos productos tendrán efecto entre 90 segundos a 5 minutos después de la aplicación y se utilizan como una capa secundaria de alivio del dolor, y pueden ser reaplicados varias veces durante el proceso de tatuaje según lo consideres necesario.

¿Adormecer o no adormecer?

Como se mencionó anteriormente, hay un montón de artistas del tatuaje muy entusiastas que creen que no es correcto amortiguar el dolor durante el proceso de tatuaje. Si tú decides tomar esa actitud puedes perder algunos trabajos decentemente pagados, y ser objeto del boca-boca negativo que podría resultar aún más perjudicial para tu negocio incluso que solo perder algunos clientes con umbral de dolor bajo. Es mucho mejor ser flexible y satisfacer las necesidades individuales de cada cliente para asegurarse de que tengan una experiencia positiva con su tatuaje. Trabajar de esta manera te hará ganar más clientes felices y tener más referencias que si eres inflexible sobre minimizar el dolor de algún cliente escandaloso.

Si tú eres un cliente que desesperadamente quieres realizarte un tatuaje con un artista de los que no cree en el uso de anestésicos tópicos, ¡no te preocupes! Tú puedes, a través de nosotros, comprar uno o dos productos anestésicos tópicos, utilizarlos en casa, y soportar el proceso de tatuaje mucho más cómodamente sin que tu tatuador se dé cuenta.

Opciones de anestesia para tatuajes

Tanto si eres tú un artista del tatuaje que busca opciones anestésicas para adormecer la piel de tus clientes sensibles al dolor o si eres una persona que quieres estar preparada para cuando vayas a conseguir tu tatuaje, nosotros tenemos las opciones anestésicas para satisfacer sus necesidades. Muchos de nuestros anestésicos para tatuajes vienen en botellas o frascos individuales, así como en cajas con varios, por lo que puedes comprar una botella para ti o un paquete para almacenar en tu establecimiento. Conoce algunas de las opciones más populares de anestesia para tatuaje a continuación, o visita nuestra sección de internet para ver cada crema anestésica tópica y sprays que ofrecemos.

https://info.painfulpleasures.com/help-center/information-center/tattoo-anesthetic-options

***

Cremas anestésicas para tatuajes

Tenemos una gran variedad de cremas anestésicas para tatuajes que adormecen la piel y la mantienen hidratada durante el proceso de tatuaje.

Puedes elegir diferentes opciones de cremas anestésicas como la "Tattoo Soothe", la "Feel Better Now" o la "Instant Numb Cream".

Crema anestésica para recuperación de tatuaje:

"

Recovery Numb Tattoo Anesthetic Cream"

La crema anestésica para recuperación "Recovery Numb Tattoo Anesthetic Cream" es un anestésico tópico amigablemente vegano que puede reducir drásticamente la sensibilidad de tus clientes al dolor durante el proceso de tatuaje, los procedimientos cosméticos, la eliminación de tatuajes con láser, y en muchos más. Contiene lidocaína al 5%, el porcentaje más alto de anestésico tópico que la FDA (Administración de Alimentos y Medicamentos de los Estados Unidos) permite en cremas anestésicas de venta libre. Esta fórmula altamente eficaz reduce la inflamación y alivia el dolor por hasta seis horas.

Cada tubo de crema "Recovery Numb Tattoo Anesthetic Cream" contiene 2,2 onzas (65 ml.) de crema anestésica que surte efecto dentro de los primeros 15 minutos de la aplicación. (Para mayoreo, cajas con 12 tubos de 2.2 onzas están disponibles).

Para un mejor efecto y alivio, haz que tus clientes se apliquen, en su casa antes de salir a su cita para tatuarse, una capa de anestésico o aplícalo tú en tu establecimiento 15 o 20 minutos antes de comenzar el procedimiento. Puedes mejorar los efectos de esta crema envolviendo la piel tratada con una hoja de plástico adherible para una absorción óptima.

Crema adormecedora para calmar los tatuajes: "Tatto Soothe Numbing Cream"

Tattoo Soothe Numbing Cream

La "Tatto Soothe Numbing Cream" es una crema anestésica tópica que está disponible individualmente en frascos de 15g, frascos de 8g y en cajas de 12 frascos de 8g. Esta crema anestésica tópica alivia el dolor, la hinchazón y el sangrado durante el proceso de tatuaje. La crema "Tatto Soothe" es una fórmula de acción rápida compuesta de lidocaína al 5%, tetracaína y epinefrina que permite a los clientes relajarse durante las sesiones de tatuaje extendido.

Cuando estés trabajando en las zonas más sensibles, como las axilas y las costillas, la "Tattoo Soothe" te será suficiente para adormecer la piel logrando así que tus clientes se estremezcan y agiten menos para poder lograr un mejor terminado en sus tatuajes.

Aplica la "Tattoo Soothe" sobre la piel de tus clientes 15 a 25 minutos antes de empezar a trabajar sobre ella, y continúa aplicándola durante todo el proceso de tatuaje para mantener a tus clientes cómodos durante horas y horas.

Nota: La "*Tattoo Soothe* cream" y el *Tattoo Soothe* gel" se pueden utilizar en combinación para aumentar el alivio durante todo el proceso del tatuaje.

Crema anestésica tópica: "Feel Better Now!

Feel Better Now Topical Anesthetic Cream

"Feel Better Now!" es una crema anestésica tópica de alta calidad que viene en un frasco de 15g. Contiene 5% de lidocaína, 20% de benzocaína y 4% de tetracaína para un adormecimiento óptimo. Aplica la crema anestésica tópica "Feel Better Now!" a la piel de tus clientes 15 a 25 minutos antes de empezar a trabajar el tatuaje para minimizar su malestar. Realmente puede ayudar a aliviar la punzada de dolor inicial al comenzar el proceso de tatuaje.

Usa la crema anestésica tópica "Feel Better Now!" en combinación con el gel "Feel Better Now!" para amplificar los efectos de la anestesia y proporcionar a tus clientes una capa adicional de comodidad mientras que los tatúas. Sólo tienes que esperar de 3 a 5 minutos para aplicar una capa secundaria de gel "Feel Better Now!" encima de la aplicación inicial de la crema "Feel Better Now!" antes de reanudar el tatuaje.

Crema anestésica instantánea: "Instant Numb Cream"

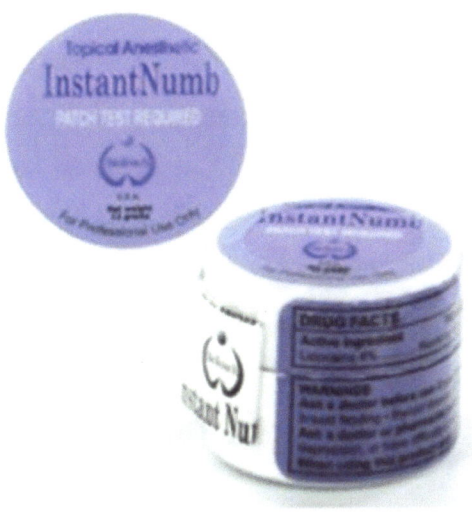

La "Instant Numb Cream" es un anestésico fuerte para tatuaje, diseñado específicamente para aliviar el malestar en áreas sensibles como los labios, los ojos y las cejas durante los procedimientos de maquillaje permanente. La crema anestésica instantánea para tatuajes "Instant Numb Cream" contiene aceite de Tea tree, aloe y lidocaína al 4%, lo que la convierte en un agente anestésico superior que también refresca, calma y alivia la piel.

Viene en un tarro de 12 g. para múltiples aplicaciones. Se puede combinar la "Instant Numb Cream" con "BioGel" para controlar la hinchazón y el sangrado durante el procedimiento.

Spray antiséptico y anestésico: "Bactine"

El "Bactine" es un producto anestésico probado y verificado entre las opciones de anestésicos para tatuaje en aerosol que actúa también como antiséptico. Contiene 2.5% de lidocaína y 0.13% de cloruro de benzalconio, así como agua purificada, fragancias y otros ingredientes inactivos. Este aerosol anestésico alivia el dolor al contacto sin ardor.

Puedes utilizarlo para minimizar el malestar que genera el procedimiento de tatuaje y prevenir la infección por cortes menores, raspaduras y quemaduras. "Bactine" alivia el dolor de la piel, promueve la curación, reduce el enrojecimiento y minimiza la hinchazón causada por el tatuaje. Puedes rociarlo directamente, aplicarlo con una gasa o utilizarlo para realzar tus soluciones preparatorias de la piel. "Bactine" viene en una presentación de 5 oz. (150 ml) y es exclusivamente para uso externo.

Spray anestésico: "Derma Numb Tatto Anesthetic Spray"

El "Derma Numb Tatto Anesthetic Spray" es una fórmula probada que permite a los clientes disfrutar más a fondo de la experiencia del tatuaje. Contiene raíz de milenrama y raíz de yuca glauca –dos ingredientes conocidos por sus propiedades de curación, anestesia, rejuvenecimiento celular, esterilización y propiedades antiinflamatorias. El "Derma Numb Tatto Anesthetic Spray" también contiene lidocaína para aumentar su capacidad de adormecer. La lidocaína hace que este producto comience a trabajar dentro de los primeros 90 segundos de la aplicación.

El "Derma Numb Tatto Anesthetic Spray" fue diseñado específicamente como un spray anestésico para el procedimiento de tatuaje, por lo que no tendrás que preocuparte de que afecte negativamente los colores de tinta o el proceso de curación.
Puedes comprar este spray en botellas de 1 oz. (30 ml) o en cajas de 12 botellas de 1 oz. (30 ml). Vuelve a aplicarlo tan a menudo como sea necesario para mantener a tus clientes cómodos mientras que les tatúas las cejas.

Sistema anestésico de efecto rápido: **"System One Tattoo Ice"**

El "System One Tattoo Ice" es un spray adormecedor tópico y antiséptico que fue desarrollado específicamente para su uso durante el proceso de tatuaje. Es una fórmula de acción rápida que reduce el enrojecimiento, la irritación y el malestar. Este spray de acción rápida comienza a funcionar sólo 90 segundos después de la aplicación, y se puede volver a aplicar tantas veces como sea necesario durante todo el proceso de tatuaje. Contiene 3,5% de lidocaína y es seguro en todos los tipos de piel. Elige esta botella de 8 oz. (240 ml) para hacer más cómodo para tus clientes las sesiones largas de tatuaje.

Geles anestésicos para tatuajes

Cuando necesites aumentar los efectos de una crema anestésica durante un procedimiento de tatuaje, por lo general, puedes agregar una capa de gel anestésico en la superficie de la piel de tu cliente para hacerle aún más agradable la experiencia de su tatuaje.

La mayoría de los geles anestésicos para tatuaje actúan, también por sí solos, como grandes agentes tópicos para adormecer las áreas involucradas en el procedimiento. Ofrecemos una amplia variedad de geles anestésicos para tatuaje para darte las opciones que buscas, incluyendo los geles anestésicos de las marcas "Derma Numb", "Tattoo Soothe", "Hush", and "Feel Better Now".

Gel anestésico para el tatuaje: "Derma Numb Tattoo Anesthetic Gel"

El "Derma Numb Tattoo Anesthetic Gel" está disponible en botellas de 2 oz. (60 ml) y en cajas de 12 piezas de 2 oz. (60 ml). Cada botella contiene: 4% de lidocaína, mentol, extracto de raíz de milenrama y de raíz de yuca glauca, aloe, y otros ingredientes para dormir y calmar completamente la piel de tus clientes durante el proceso de tatuaje. El gel anestésico "Derma Numb Tattoo Anesthetic Gel" es fácil de aplicar y está elaborado con ingredientes naturales que son seguros para todo tipo de piel y que no afectarán los colores de la tinta ni al sombreado. Como un beneficio adicional, "Derma Numb Tattoo Anesthetic Gel" también actúa

como un anti-inflamatorio y rejuvenecedor de células de la piel, abriendo estas células, lo que produce mejores resultados del tatuaje.

Tus clientes deben aplicar una cantidad generosa de este gel anestésico una hora antes de empezar a tatuarse. Y para que obtengan los mejores resultados, deberán envolver la piel tratada con plástico adherente para sellar el producto y asegurar una absorción óptima. Cuando los efectos anestésicos empiecen a pasar, rocía la piel de tu cliente con el spray anestésico de Derma Numb para asegurar su comodidad durante todo el procedimiento.

Gel anestésico tópico: "Tattoo Soothe Topical Anesthetic Gel"

El "Tattoo Soothe Topical Anesthetic Gel" viene en botellas de 1 oz (30 g), tarros de 10 g y cajas con 12 tarros de 10g. Este gel anestésico tópico alivia el dolor, minimiza la hinchazón y reduce el sangrado de los procedimientos del tatuaje.

Tattoo Soothe Topical Anesthetic Gel

Tiene una fórmula de acción rápida que consta de lidocaína al 5%, tetracaína y epinefrina, lo que permite a los clientes relajarse y disfrutar del proceso de tatuaje con menos molestias.
El "Tattoo Soothe Topical Anesthetic Gel" está destinado para su uso en combinación con la crema anestésica tópica de Tattoo Soothe. Aplica una capa delgada de la crema sobre el área que estarás tatuando 15 a 25 minutos antes de que vayas a comenzar el procedimiento. Si tu cliente sigue incómodo después de haberle hecho algunos pases con tu máquina de tatuaje, añade una fina capa de

este gel sobre el área y espera de 3 a 5 minutos y reanuda el tatuaje. Puedes volver a aplicar el gel anestésico una o dos veces más durante el procedimiento, según sea necesario para el confort óptimo de tu cliente.

Gel Tópico adormecedor: "Hush Topical Numbing Gel"

Hush Topical Numbing Gel

Al igual que la crema anestésica tópica de Hush, su gel tópico anestésico "Hush Topical Numbing Gel", viene en botellas de 2 oz. (60 g) y de 4 oz. (120 g) y en cajas con 12 botellas en ambas presentaciones. Esta fórmula especial está pensada para su uso antes del tatuaje, para antes de la eliminación de tatuajes con láser y para antes de la perforación de piercings.

*Es un gel claro y no graso que se compone por una mezcla de extractos botánicos que adormecen la piel como el mentol y el extracto de raíz de consuelda, lidocaína al 4%, aloe que calma la piel, y otros ingredientes calmantes y nutritivos. El "*Hush Topical Numbing Gel*", es seguro para todos los tipos de piel. No afectará a los colores de las tintas, reduce el enrojecimiento y minimiza la inflamación durante el proceso de tatuaje.*

Se recomienda que el cliente se aplique una capa gruesa de *"Hush Topical Numbing Gel"* en la piel antes de empezar su procedimiento de tatuaje. Deberá extenderlo uniformemente sobre el área a tratar y volver a aplicar más gel a lo largo de los bordes. Deberá envolver la zona con plástico adherente y dejarlo actuar por una hora para propiciar la absorción máxima. Una vez transcurrido ese tiempo, se puede quitar la envoltura de plástico, y ya en el establecimiento donde se llevara a cabo el procedimiento, se terminará de preparar la piel como se hace normalmente y se puede empezar a tatuar.

Gel anestésico tópico: "Feel Better Now"

El gel anestésico "Feel Better Now" es una gran herramienta para los artistas del tatuaje cosmético. Está formulado específicamente para su uso en áreas sensibles del rostro donde se aplica maquillaje permanente, como cejas y labios, y es seguro de usar alrededor de los ojos.

Este gel adormecedor contiene 5% de lidocaína, tetracaína y epinefrina para aliviar el dolor, minimizar la hinchazón y reducir el sangrado de los procedimientos del tatuaje cosmético. También se puede utilizar para la depilación láser y otros procedimientos cosméticos que pueden ser agresivos en la piel.

El gel anestésico "Feel Better Now" está diseñado para usarse en combinación con la crema anestésica tópica de la familia "Feel Better Now".

Deberás aplicar la crema sobre la piel de tu cliente de 15 a 25 minutos antes de comenzar un procedimiento de tatuaje cosmético. Después de haber realizado algunos pases iniciales, deberás preguntarle sobre su nivel de dolor. Si está encontrando el procedimiento incómodo, aplícale una capa de gel anestésico "Feel Better Now" sobre el área que estás trabajando, espera de 3 a 5 minutos, y reanuda el procedimiento. Agrega capas adicionales de gel según sea necesario para dar a tus clientes un confort óptimo durante los procedimientos de maquillaje permanente.

Jabones anestésicos para tatuaje: "H2Ocean's Nothing"

Además de los anestésicos en aerosol, crema o gel para tatuajes, ahora puedes obtener, de la marca H2Ocean, también jabón de espuma para aliviar el dolor. El "H2Ocean's Nothing" es especialmente formulado para limpiar la piel y aliviar el dolor durante los procedimientos de tatuaje. Evita la hinchazón, la distorsión y la alteración del color de la tinta. Simplemente lava la piel de tus clientes con este jabón de espuma antibacterial y anestésico, para limpiarla, desinfectarla y calmarla antes de empezar a tatuarla.

El jabón en espuma "H2Ocean's Nothing" contiene 5% de lidocaína, 0.13% de cloruro de benzalconio, agua purificada, jugo de aloe, sal marina y otros ingredientes inactivos que limpian, alivian y nutren la piel.

Este jabón hará que el proceso de tatuaje sea más cómodo para tus clientes, quienes pueden llevarse una botella a casa para minimizar las molestias y limpiar la zona de su tatuaje a fondo durante el proceso de curación. El jabón para aliviar el dolor en espuma "H2Ocean's Nothing" está disponible en botellas individuales de 1.7 oz. (50 ml) y en cajas de 24 botellas de 1.7 oz. (50 ml).

Capítulo 8
Midiendo y dibujando las cejas

Las mejores técnicas para unas cejas simétricas

Cómo medir las cejas es otro de los temas en donde encontramos muchas opiniones opuestas. Lo que hay que admitir, es que hay muchas maneras para medir correctamente las cejas y cada quien tiene su técnica favorita. Tú encontrarás naturalmente la tuya.

Al principio parece complicado y confuso, pero es una de esas cosas que, después de haberla hecho algunas veces, hace sentido y se vuelve fácil. Y con el tiempo olvidarás por qué esto parecía complicado.

Algunas especialistas experimentadas en Microblading prefieren hacerlo a mano y, aunque no hay nada malo con eso, como principiante, puede ser más prudente dejar que las técnicas aplicables para medir sean tu guía. Eliminará el trabajo de adivinar sobre el diseño correcto y evitará grandes variaciones entre las cejas. La técnica de medición de cejas es al especialista en Microblading lo que una red de seguridad al trapecista.

Entonces, desmitifiquemos la medición de las cejas y echemos un vistazo a lo fácil que es obtener una apariencia simétrica.

1. Haz una línea entre las cejas, utilizando el centro de la nariz como guía.

2. Aquí puedes elegir dónde deseas que comience la ceja. Para una ceja más ancha, puedes comenzar justo a la mitad. Tu elección deberá depender de dos factores: a) La distancia de los ojos de tu cliente. Por ejemplo, si sus ojos están muy separados, entonces una ceja más cercana puede ser mejor opción y, si por el contrario, sus ojos están muy pegados, una ceja más separada puede ser lo que se necesite. b) El aspecto deseado, por ejemplo una ceja más gruesa y más tupida. Haz tu marca.

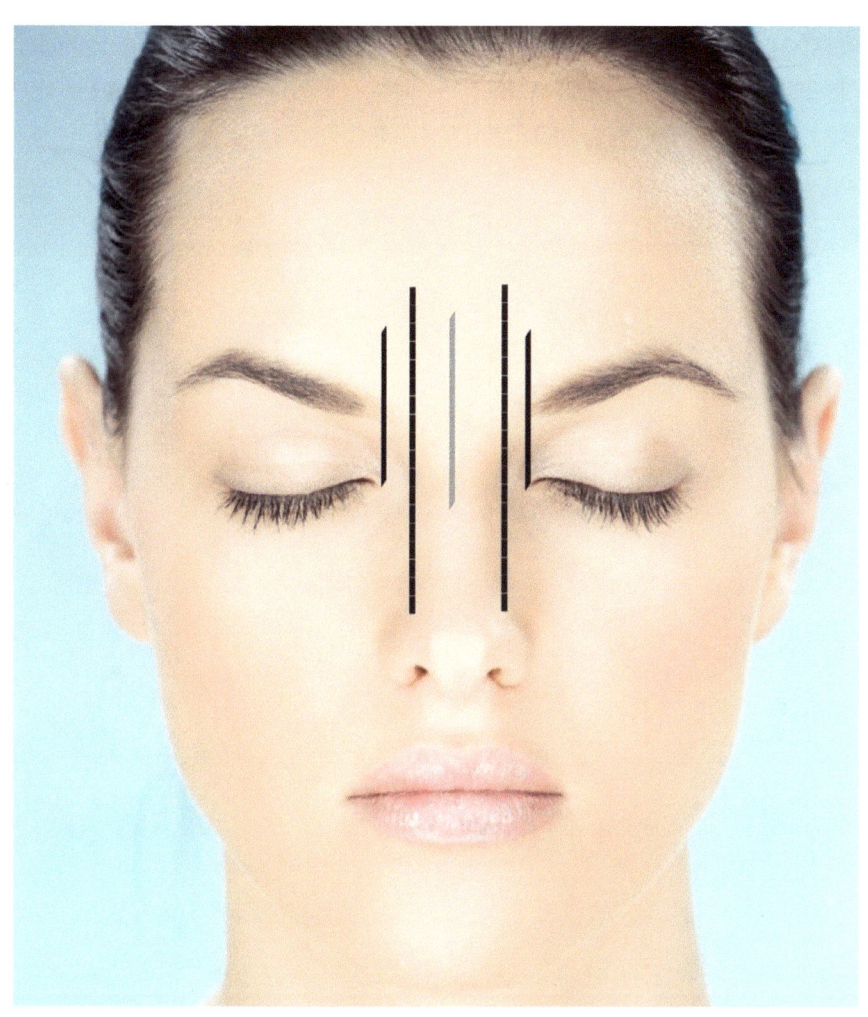

3. A continuación, debes definir dónde terminará la ceja. Haz una línea recta imaginaria desde la parte externa de la nariz hasta el exterior del ojo llegando hasta la ceja. Cualquier objeto recto funcionará como una regla. Haz otra marca.

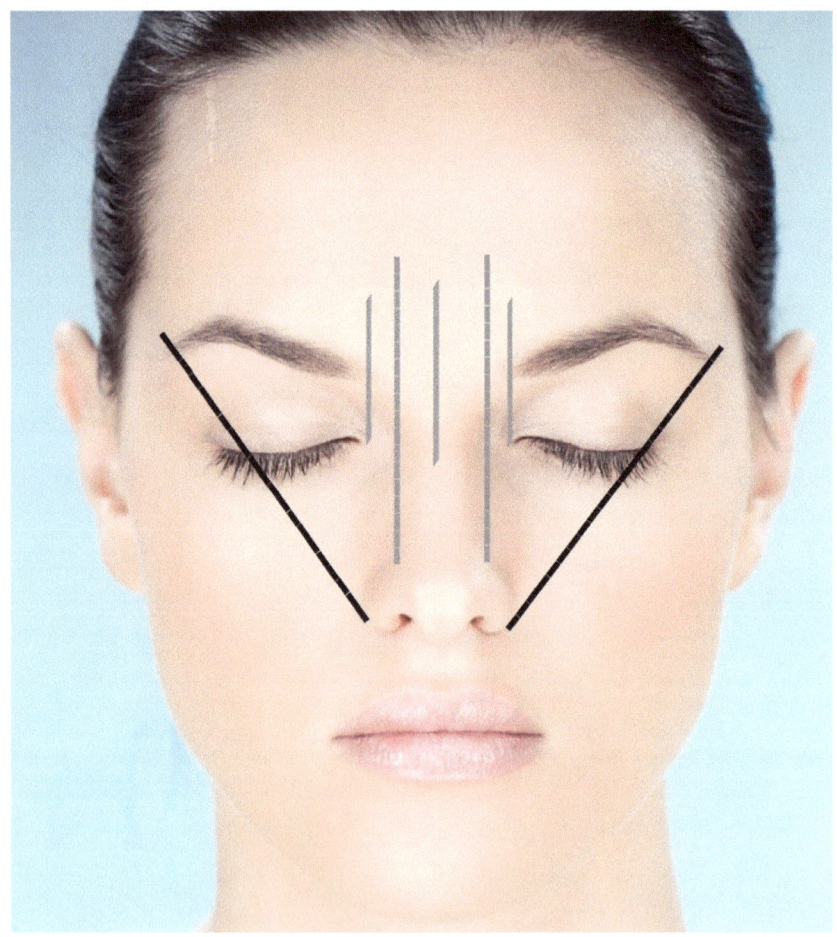

4. Para encontrar la altura donde debe estar el arco y, para asegurarte de que el arco esté al mismo nivel en ambos lados, palpa dónde está el punto más alto del hueso de la frente y haz una línea recta de una ceja a la otra. En este punto me gusta cambiar a usar un hilo y un lápiz kohl para hacer el trazo de las líneas más fácilmente.

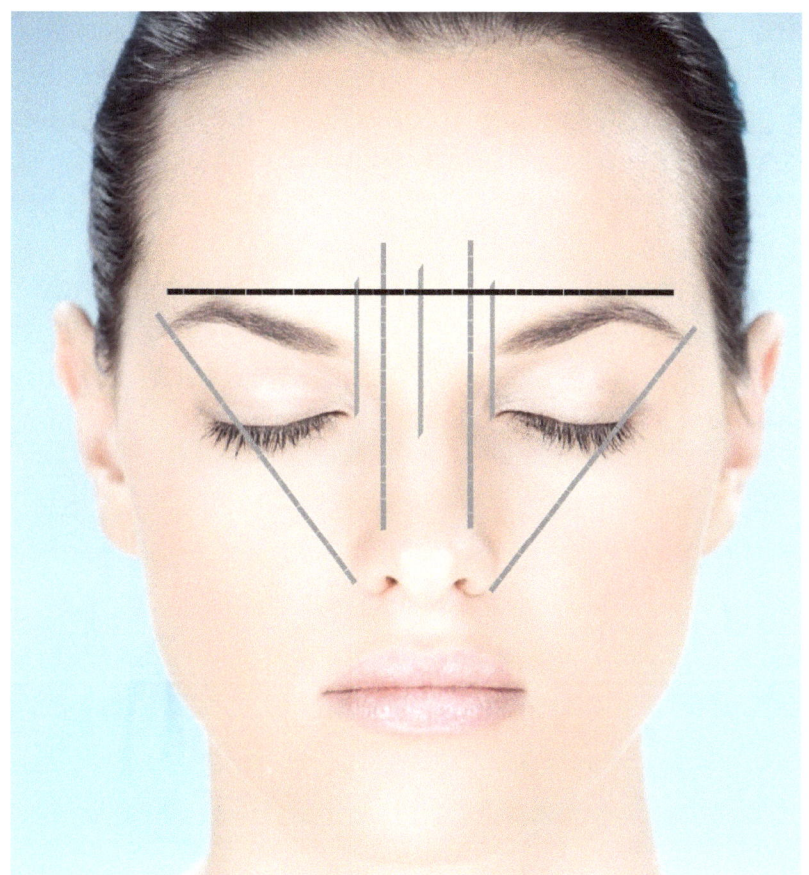

5. Ahora que tenemos un principio, un final y una altura, vamos a encontrar dónde debe estar el arco. Hay muchas maneras de hacer esto. Un calibrador para medir las cejas te sería de gran ayuda en esta etapa. Pero aquí yo te enseñaré 3 maneras de alcanzar tu meta.

La primera forma de hacerlo es midiendo la ceja desde la primera marca hasta la marca final. La marca correspondiente a los 2/3 es donde deberá estar el arco.

Otra manera de encontrar el arco es midiendo la distancia entre los conductos lagrimales y usar esa medida para determinar dónde estará el arco. Márcalo.

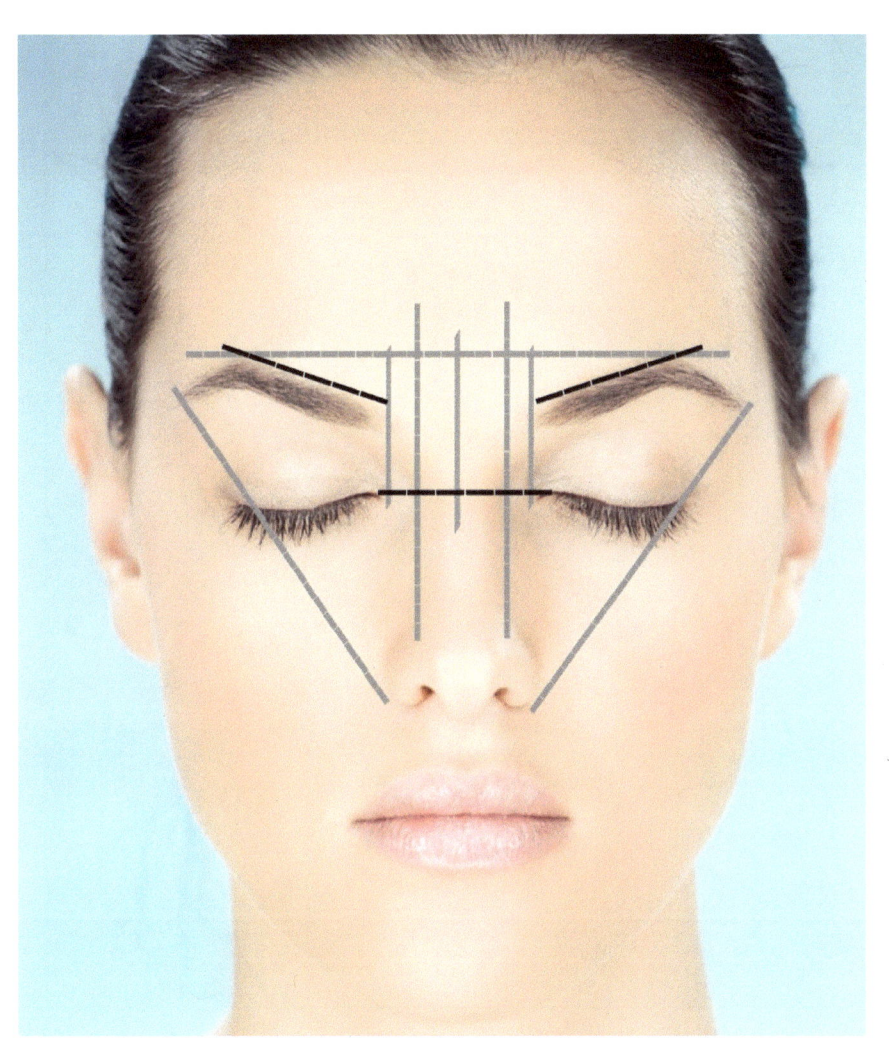

Y la tercera forma es hacer una línea recta imaginaria desde la fosa nasal exterior pasando a través del iris del ojo hasta la ceja. Haz una marca ahí.

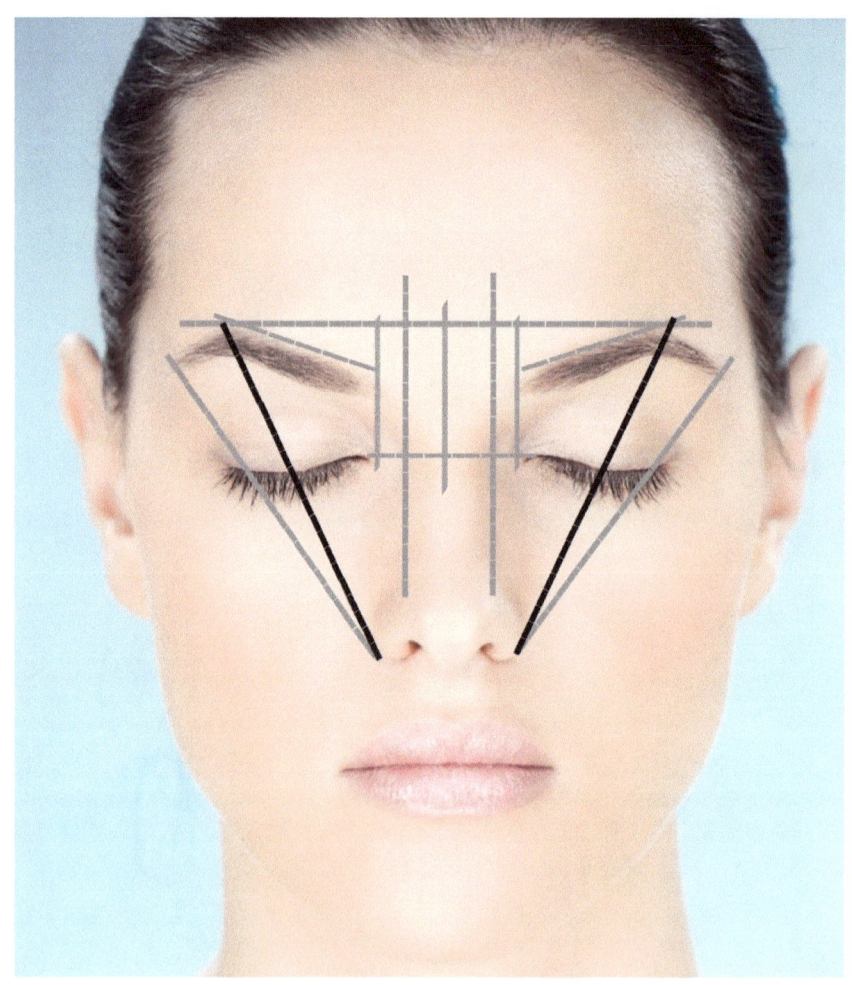

6. Siente el hueso frontal de la ceja y busca la parte más baja. Ahora haz una línea recta que cruce la parte inferior de ambas cejas. El final de la ceja podrá ser más alto que el comienzo de la misma, pero nunca más bajo.

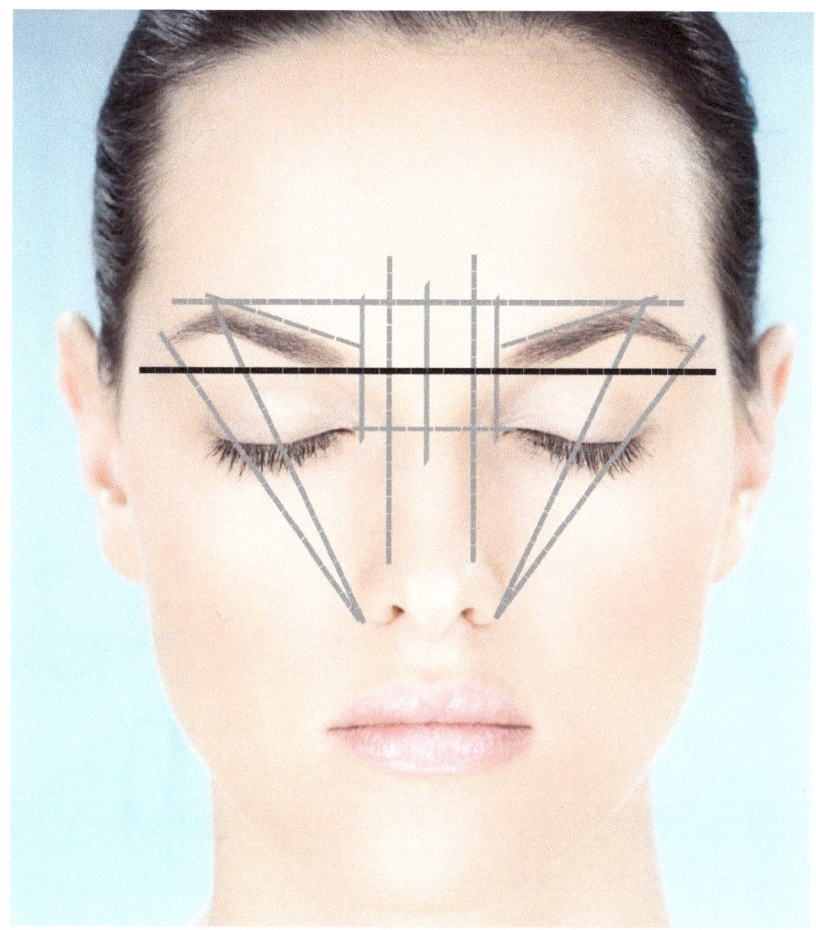

7. Aquí es donde debes decidir sobre el grosor de la ceja. Dibuja una línea en la parte superior (bulbo) de la ceja con el grosor deseado.

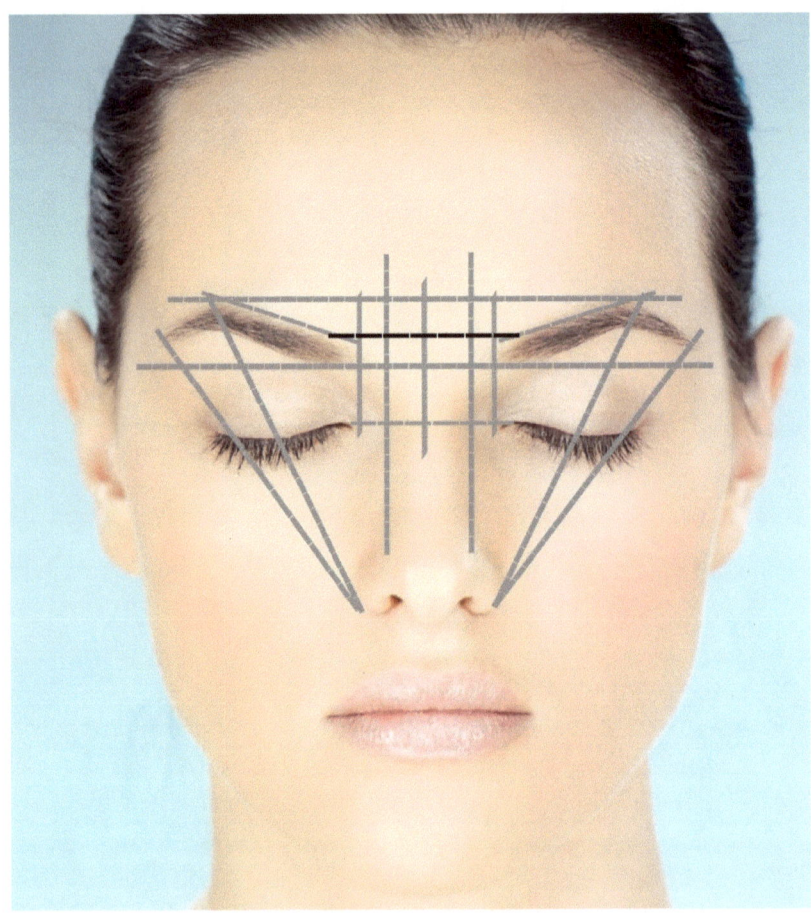

8. Con tu hilo o regla, dibuja una línea recta desde la parte baja del bulbo de una de las cejas hasta el arco de la ceja opuesta. Repite en el otro lado.

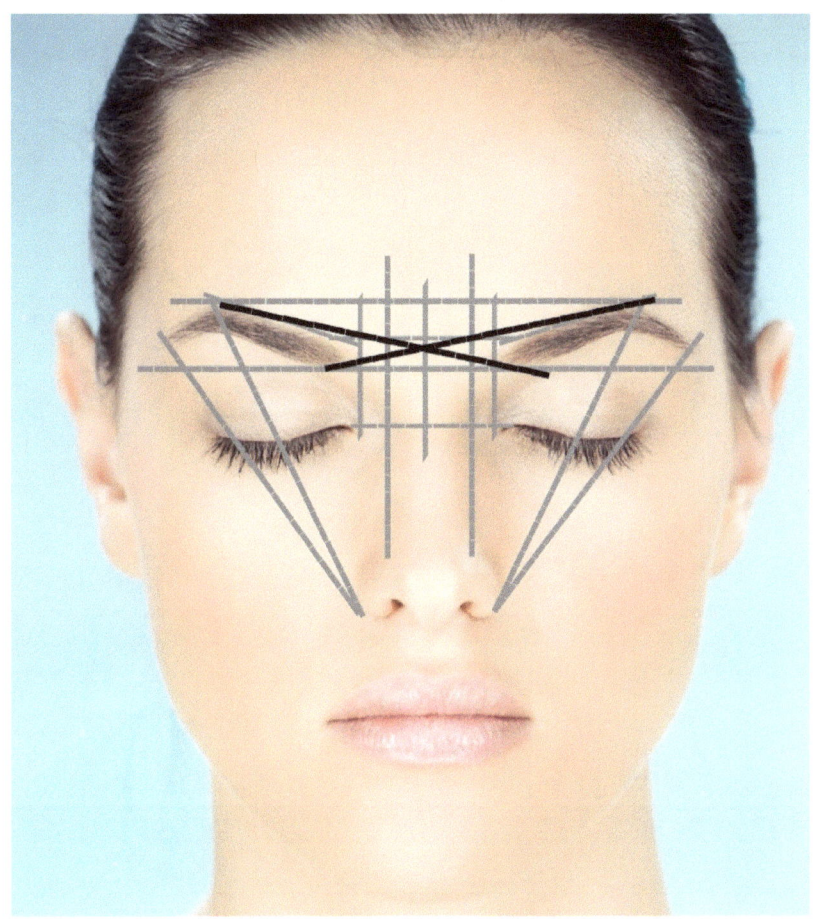

9. Dibuja una línea que vaya desde la parte superior del arco hasta el final de la ceja. Repite en el otro lado.

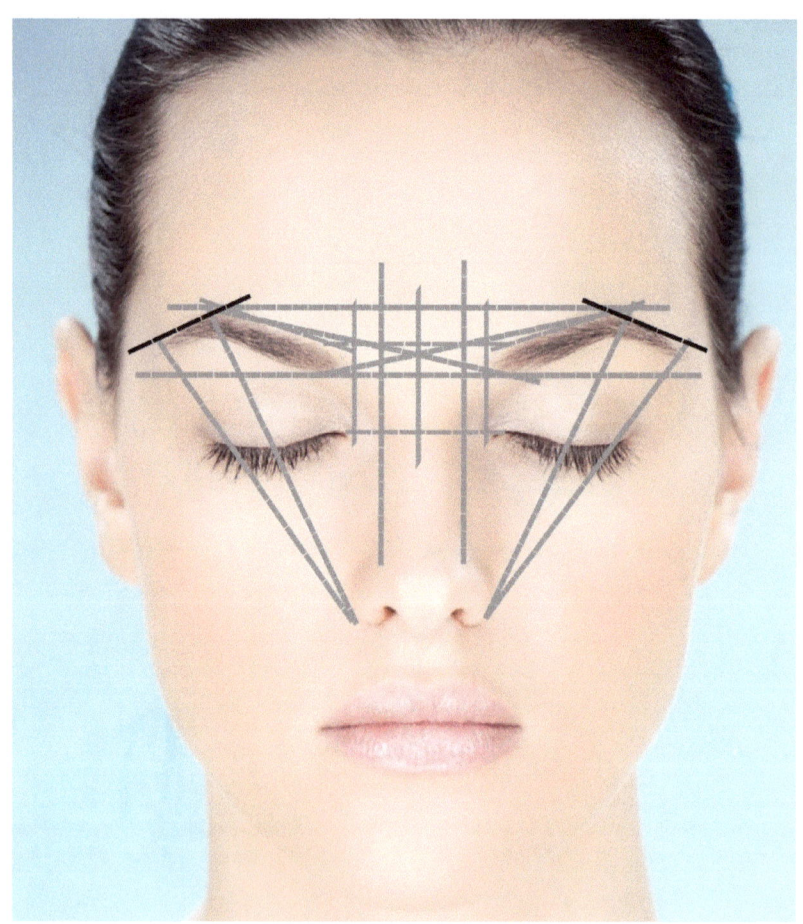

10. Ahora dibuja una línea desde la parte inferior del bulbo de la ceja hasta el arco. Repite en el otro lado.

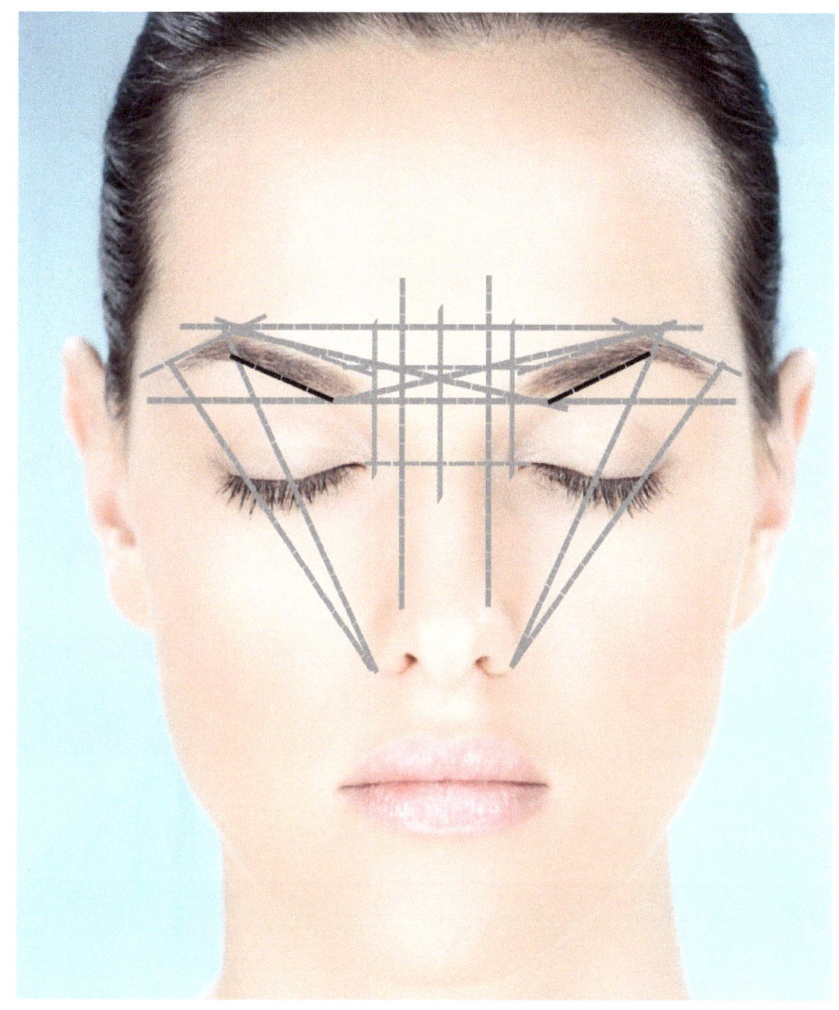

131

11. Traza una línea desde la última línea dibujada (la de la parte inferior del bulbo de la ceja hasta el arco) hasta el final de la ceja. Repite en el otro lado.

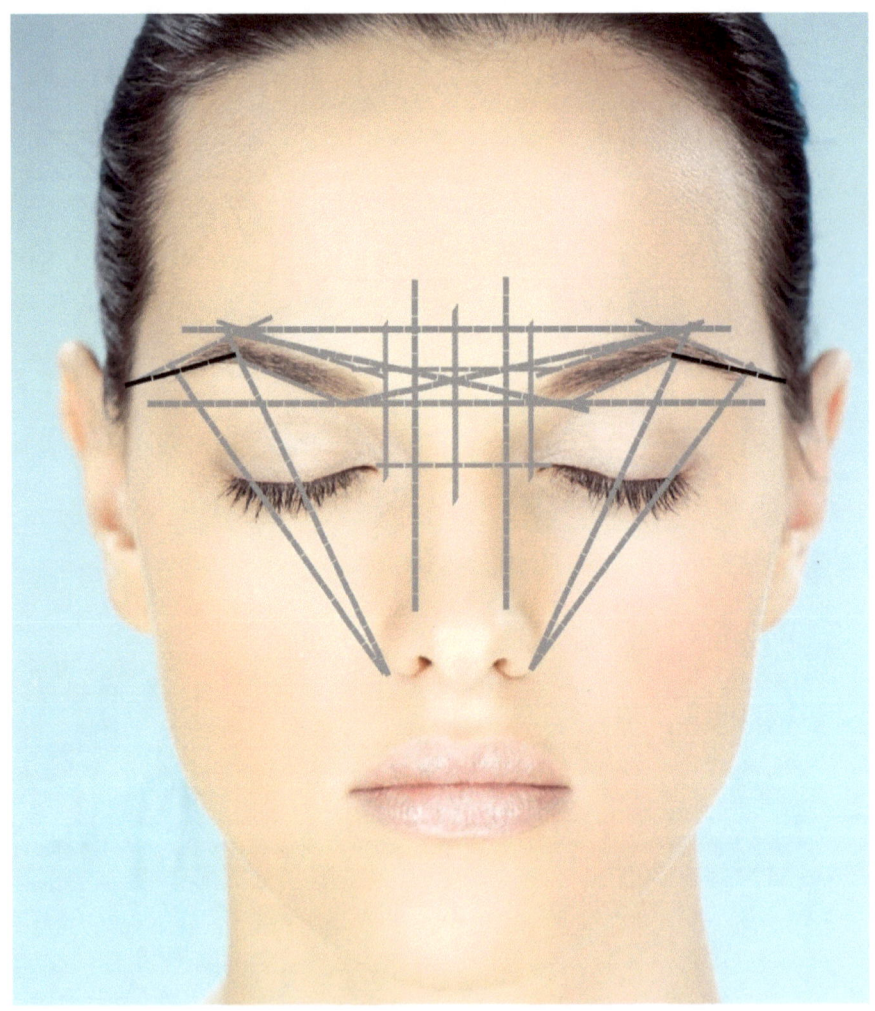

En este punto, dibujar las cejas te debería resultar muy fácil, especialmente si has estado practicando el trazo de cejas a pulso (a mano).

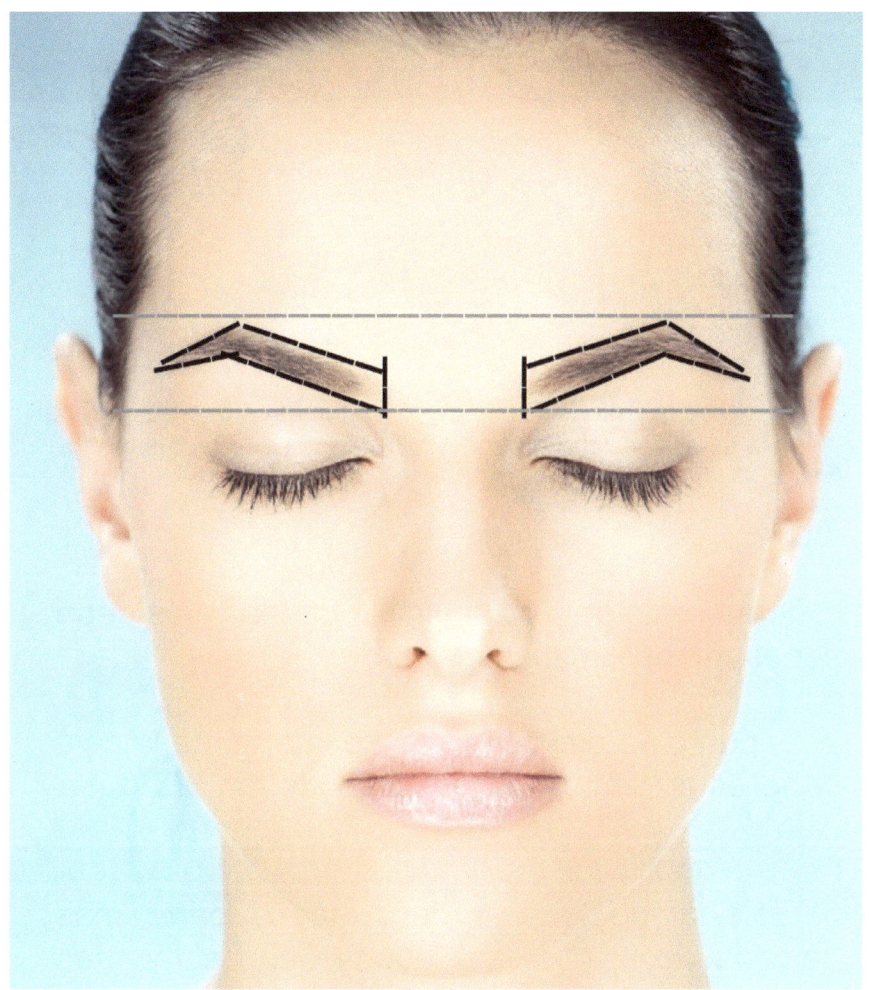

Anatomía de una ceja

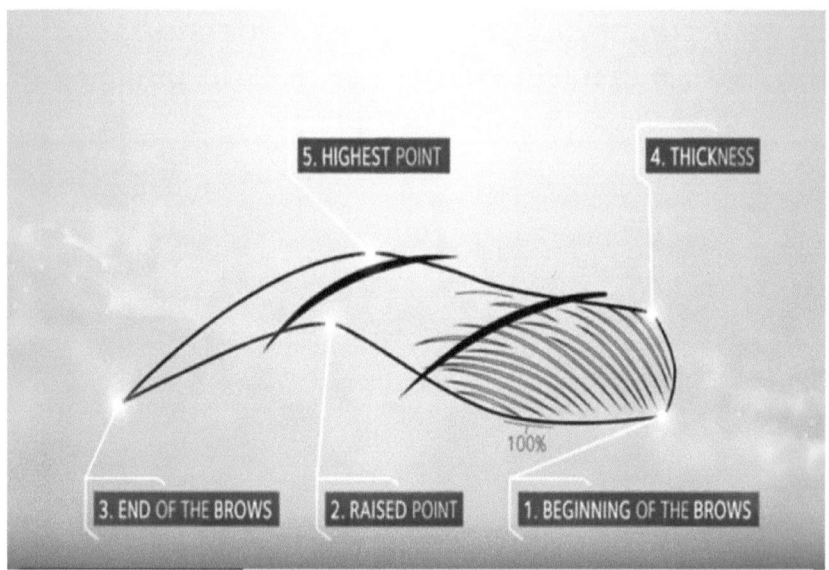

(1. Inicio de la ceja, 2. Punto de elevación/arco interno, 3. Final de la ceja, 4. Ancho/grosor, 5. Punto más alto/arco superior)

1. Como regla general, el inicio de las cejas debe ser el primer ¼ de la ceja.

2. El punto de elevación o arco interno de la ceja debe estar dentro de la marca de los 2/3 de la ceja.

3. El final de la ceja debe ser la parte más delgada de la misma y nunca debe estar más abajo que el bulbo (parte inicial de la ceja).

4. La zona del bulbo es la parte más gruesa de la ceja.

5. El punto más alto de la ceja debe estar en la marca de los 2/3 de la ceja.

Nota de la autora: PhiBrows tiene una maravillosa aplicación muy útil para medir las cejas y es gratuita. Puedes ver cómo funciona en Youtube. (PhiBrows Application – YouTube).

Capítulo 9
Eligiendo las cuchillas correctas

Qué cuchillas utilizar según el tipo de piel y los resultados

No me enseñaron mucho acerca de las distintas cuchillas que podían ser usadas para Microblading en mi entrenamiento. Me dijeron tan solo que usara "ésta" primero y luego "esta otra". No sabía que podría usar diferentes cuchillas para diferentes efectos y que los distintos tipos de piel requieren diferentes tipos de cuchillas.

Algunos técnicos usarán la misma cuchilla durante todo el procedimiento y otros cambiarán el tipo de cuchilla que usan en el segundo y tercer pase que realicen. A lo que llamamos cuchillas en Microblading, es en realidad a una serie de agujas colocadas muy juntas para crear una especie de cuchilla.

¿Qué sabes sobre tus cuchillas y lo que hacen?
Bueno, sigue leyendo y te explicaré las diferentes opciones de cuchillas disponibles para nosotros en Microblading y lo que pueden hacer por ti

Las cuchillas vienen en modo flexi o en láminas duras y se componen de 7 agujas hasta llegar a 28, (a esa cantidad de agujas que posee cada cuchilla se le llama número pin o pines) y pasan de las más finas a las más gruesas en medidas a raíz de que los números pin suban.

En general, debes hacer tus primeras pasadas o trazos con una cuchilla más delgada y realizar los siguientes pases con cuchillas más gruesas para depositar más pigmento. Recuerda, éstas son reglas generales. Deja que tu creatividad sea tu guía.

A continuación se presentan las agujas/cuchillas más utilizadas. Perfectas para todos: principiantes y profesionales avanzados.

Cuchilla 7 pin - La hoja de 7 pines de una hilera será la más fina de todas las cuchillas. Esta hoja será buena para crear cabellos más cortos y finos. Es una buena cuchilla para las cejas delgadas y para colocar pequeños vellos entre las cejas. Recomendada para un trabajo detallado.

Cuchilla 12 pin - Se utiliza para crear vellos de longitud media de la ceja con un espesor también medio. Ésta es la hoja más utilizada.

Cuchilla 14 pin – Se utiliza para crear vellos de cejas más largos, de medio a por encima del espesor medio. Esta hoja es buena para crear cejas más gruesas.

Cuchilla en forma de U – Cuenta con 18 agujas simples, súper finas, es buena para dibujar vellos curveados y es recomendada para los técnicos más experimentados.

Hay cuchillas con una sola hilera de agujas y cuchillas con filas dobles de éstas. Las cuchillas de una hilera te resultarán más flexibles y crearán trazos más finos. Las de doble hilera crearán impactos más fuertes y son buenas para pieles más gruesas y más grasas.

Las cuchillas más duras son buenas para pieles aceitosas y para pieles entre 3 o 6 en la escala de Fitzpatrick. Son buenas para obtener resultados más audaces y sus navajas llegarán más profundo con menos presión. Son recomendadas también para pieles gruesas.

Las cuchillas más delgadas y, por lo tanto más flexibles, son recomendadas para las pieles en la gama de 1 a 3 de la escala de Fitzpatrick. Las pieles, mientras más viejas, son casi siempre más delgadas y ofrecen menos resistencia así que, una cuchilla más fina y más flexible es la mejor opción para ellas.

Cuantas menos agujas compongan la cuchilla, más delgadas serán las pinceladas resultantes al usarla y, cuanto más agujas tenga, más gruesos serán los trazos. Así mismo, cuanto más corta sea la configuración de la aguja usada para el procedimiento de la ceja, más ceniza (y la ceniza es siempre más fresca y más oscura) aparecerá durante el procedimiento de cicatrizado. ¿Por qué? Debido a que las agujas más pequeñas cortan a través de la piel con mayor eficacia y, en general, colocan el pigmento más profundo.

El uso de configuraciones de agujas más grandes tiene menos efecto de corte y, por falta de una mejor palabra para describirlo diré que, "plomiza" el pigmento en la piel, colocando así el tinte ligeramente más cerca de la luz y más alejado de la relación directa con el torrente sanguíneo. Que el pigmento permanezca más cerca de la superficie de la piel hará que refleje más luz y aparecerá menos frío que aquél que reside más profundamente en la piel.

A continuación les comparto, un artículo de Deluxe Brows sobre la elección de las cuchillas correctas y la comprobación de su trabajo.

Cómo elegir las cuchillas / agujas correctas para Microblading

Alexandra Maniuse

ARTÍCULO

Título original: How to choose the right microblades / Microblading needles – Deluxe Brows®*
Deluxe Brows® / Microblading Blog / Alexandra Maniuse.
Tomado de: https://deluxebrows.com/microblades-Microblading-needles-deluxe-brows/

Consejo nº 1: Cómo elegir agujas/cuchillas de buena calidad para el Microblading

Casi para cada nuevo artista de Microblading y, a veces incluso para ésos con experiencia, es realmente complicado el analizar y entender qué clase de agujas o cuchillas necesitamos utilizar para nuestros tratamientos. Hice una investigación sobre esto hace mucho tiempo y durante nuestras capacitaciones trato de explicar todas las diferencias entre los distintos tipos de agujas. Sin embargo, decidí compartir con todos ustedes los consejos más importantes que mi compañía y yo utilizamos principalmente al elegir las agujas. Espero que esto les ayude a tomar sus propias decisiones.

Los procedimientos y entrenamientos para realizar Microblading han resultado extremadamente exitosos tanto así que han tomado a la industria por sorpresa. Todas y cada una de las empresas que tratan de mantenerse en la cima están ofreciendo las nuevas herramientas, agujas, pigmentos y todo tipo de nuevos elementos, ayudando a esta industria a crecer.

En este post (artículo) les voy a compartir uno de los consejos más importantes que les ayudará a elegir sus cuchillas / agujas para el Microblading.

Esta vez, estaré hablando únicamente de la aguja flexible, que es la que estoy usando en su mayoría, pero, por favor toma nota que el mismo tip, se puede utilizar para las agujas duras o rígidas también. No importa la forma que prefieras, si es oval o angular.

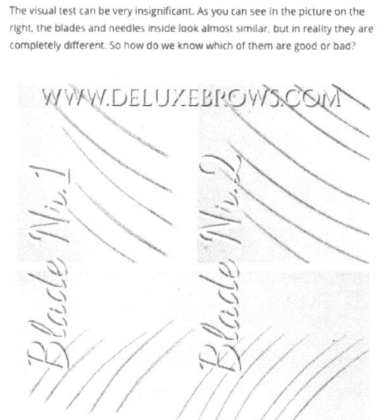

La prueba visual puede ser muy insignificante. Como se puede ver en la imagen de la derecha, las hojas y las agujas en el interior se ven casi similares, pero en realidad son completamente diferentes. Entonces, ¿cómo sabemos cuáles son buenas y cuáles malas?

¿Alguna vez has experimentado que tus trazos no son tan claros y que el pigmento en el golpe se propaga de manera desigual? Bueno, esto es muy común cuando tienes falta de experiencia o conocimiento incorrecto con respecto a la presión adecuada. Sin embargo, todas estas cosas también te pueden suceder si estás usando cuchillas de mala calidad.

Cuando las agujas en tu cuchilla no están fijadas de la manera correcta, es muy fácil que se venzan y que tengas dos líneas en lugar de una (Blade Nr.1). La piel es tan delgada a veces, que ni siquiera te das cuenta de que las agujas se doblan. Sólo verás un trazo poco claro cuando lo haces. Cuando tus cortes sanen las líneas no serán las esperadas. Con este tipo de cuchillas es más difícil repetir los pases.

¿Qué debes hacer para asegurar un buen trazo? ¿Cómo evitar líneas dobles y obtener resultados satisfactorios con apariencias naturales o movimiento? La primera y la mejor solución es utilizar agujas de níquel de buena calidad que se fijen bien entre sí.

Puedes hacer una prueba rápida sobre las plantillas de práctica de piel artificial. Coloca la cuchilla en tu herramienta manual y trata de dibujar el trazo

suavemente. Las agujas de la cuchilla no pueden moverse ni deben doblarse mientras ésta se desliza (como lo hacen las de la imagen Nr.1).
También puedes revisar tu cuchilla presionándola en el lado con la uña. Las agujas no se deben mover.

Las agujas de una cuchilla de buena calidad serán estables (como la cuchilla Nr.2) a pesar de que la cuchilla en sí sea flexible. Con ella te será más fácil dibujar el trazo y el resultado será siempre el mismo: ¡golpes limpios y certeros!

Consejo nº 2: Cómo elegir el espesor correcto de la cuchilla

La otra cosa importante aquí, es entender cuál es el mejor grosor de las cuchillas y cómo esto afecta los resultados.

Deberás saber que las cuchillas delgadas son más filosas que las cuchillas gruesas. Para entender por qué son más filosas, mira la imagen que te ofrezco donde puedes ver que la cuchilla Nr. 1 tiene las agujas más gruesas comparada con la imagen de la cuchilla Nr 2 que tiene las agujas más delgadas.

Mientras más delgadas sean las agujas en la cuchilla más cercanas están unas de otras y, mientras más cercanas estén, más filosa la cuchilla será. Si quieres evitar dejar huecos en tus trazos o no conseguir los resultados deseados por tener pequeños puntos en lugar de líneas naturales, siempre debes elegir la aguja correcta para los diferentes tipos de piel.

Yo nunca recomiendo usar agujas del número 0.3.

Consejo nº 3: Llenado y control de trazos

Para lograr obtener golpes más oscuros tras varios pases, trata de usar una cuchilla con menos agujas. Serás capaz de implantar el pigmento en cada parte donde golpees de una manera más fácil y más precisa. Las nuevas cuchillas para llenar esos trazos son de 7 pines y te resultarán muy cómodas de usar.

Toma fotografías durante el trabajo y utiliza un filtro negativo para comprobar cómo lo hiciste, ahí verás claramente qué partes necesitan más pigmento.

Imagen preparada y publicada por Aleksandra Maniuse – Deluxe Brows®

Te presento a continuación otro artículo sobre la elección de la cuchilla y agujas correctas; éste, escrito por LovBeauty.

¿Cómo elegir la aguja correcta para tu tratamiento de Microblading?

ARTÍCULO

Título original: How to choose a right needle for your Microblading treatment – LovBeauty®*.
Tomado de: http://www.lovbeautyshop.com/blog/choose-right-needle-Microblading-treatment/

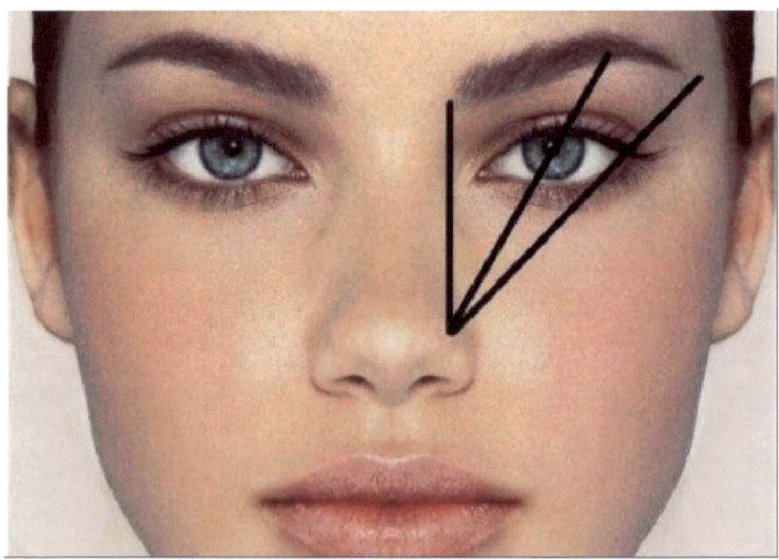

1. La edad de la piel: Mientras más mayor sea tu cliente, notarás más laxitud de tejidos, pérdida de colágeno y elastina.

   Hacerle Microblading a esta piel en envejecimiento, te proporcionará un lienzo mucho más saludable, lo que significa que sus vellos se mantendrán más nítidos al sanar.

2. Procedimientos y correcciones anteriores: Puedes hacer Microblading sobre pigmentaciones antiguas e, incluso, hacerles correcciones. Es mejor usar una aguja un poco más grande para estos casos.

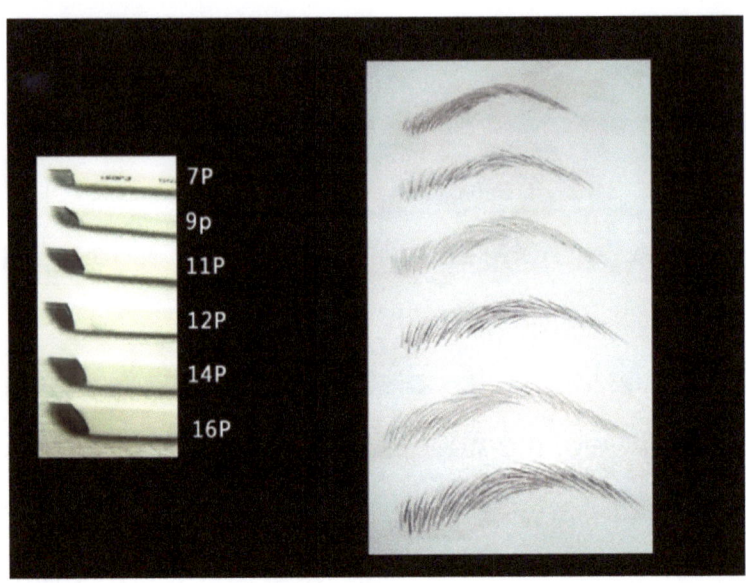

Aguja de seda suave para el tatuaje de relieve 3D de cejas.

3. Ancho del cabello deseado

4. Pigmento que estás utilizando

5. Capacidad de contención de color de la aguja: tanto la textura y el filo de las agujas, como el número de agujas y la curva de las mismas son importantes.

Mientras más agujas, más resistencia y tú deberás presionar más fuerte y existe mayor probabilidad de cortar la piel.

6. Resistencia de la piel: Una piel más vieja es menos resistente así que utiliza agujas más finas.

7. El procedimiento: Agujas individuales y curvadas para recrear los movimientos del pelo de la ceja. Agujas múltiples y largas para areolas, correcciones y sombras de ojos.

8. La práctica hace al maestro: Desarrollarás tu única y propia técnica con el tiempo. A veces cambiarás de agujas durante tu procedimiento. A medida de que practiques, encontrarás qué agujas son las más fáciles de controlar y cuáles suministran la mayor cantidad de color. Debes conocer tu lienzo (la piel) muy bien.

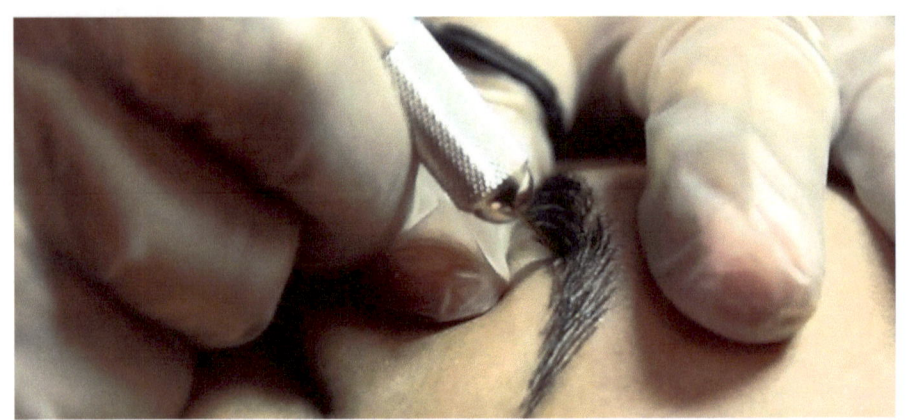

Cejas de Microblading

Capítulo **10**
El procedimiento

La elasticidad, el ángulo y el ritmo

Este es el momento que tanto has estado esperando. Para el que tu entrenamiento y capacitación te han estado preparando.

¿Tienes miedo?

Seguro que sí. Todas lo tuvimos.

Es una perspectiva aterradora cortarle la piel a alguien. Pero no tengas miedo, son cortes muy superficiales y hay muy poco en Microblading que no pueda ser reparado. Haz tu tarea y practica, practica, practica. Practica en plantillas, practica dibujando cejas, practica usando tu cuchilla y luego, practica con tus amigos y familia.

Consulta las páginas de Internet, ve a los grupos de Microblading y lee sobre las experiencias de los demás. Es la mejor alternativa para recibir ayuda. Puedes hacer todas las preguntas que quieras y allí, estas maravillosas mujeres te darán todas las respuestas que estás buscando.

A veces tu pregunta se convertirá en un debate y eso será muuuuy interesante. Generalmente son grupos coloridos y apasionados de chicas (y algunos chicos) de todo el mundo. No te aburrirás jamás allí. Es sin duda donde yo aprendí más que en cualquier otro lado.

Únete a los grupos de Facebook de Microblading, encuentra los que más te gusten y visítalos a menudo. Tendrás la garantía de aprender toneladas, sin importar que seas un principiante o un experimentado profesional.

El Microblading consiste en la implantación de pigmentos mediante la creación de finas rayas en el nivel superior de la epidermis, imitando los movimientos del cabello real para crear un efecto en 3D o 6D y un efecto diseminado.

Ya debes de haber tomado tus fotos del antes y mostrado un aproximado del después. Ya debes de haber dibujado las cejas que elaborarás y tú y tu cliente deben estar ya de acuerdo en la forma y el color. Si vas a adormecer la zona antes de la primera ronda de pasadas, ya lo deberás de haber hecho también para estar lista para comenzar.

Todo técnico experimentado te dirá que, para obtener un golpe nítido y preciso deberás concentrarte en el estiramiento de la piel. Un diagrama de 3 puntos, para ser exactos. Dos puntos son con el pulgar y el índice de la mano sin la cuchilla y, el tercer punto es con el dedo meñique de la mano que sostiene la cuchilla. La clave es aplanar la piel en esas 3 direcciones opuestas. Cuanto más plana y estirada esté la piel, más nítidos serán tus trazos.

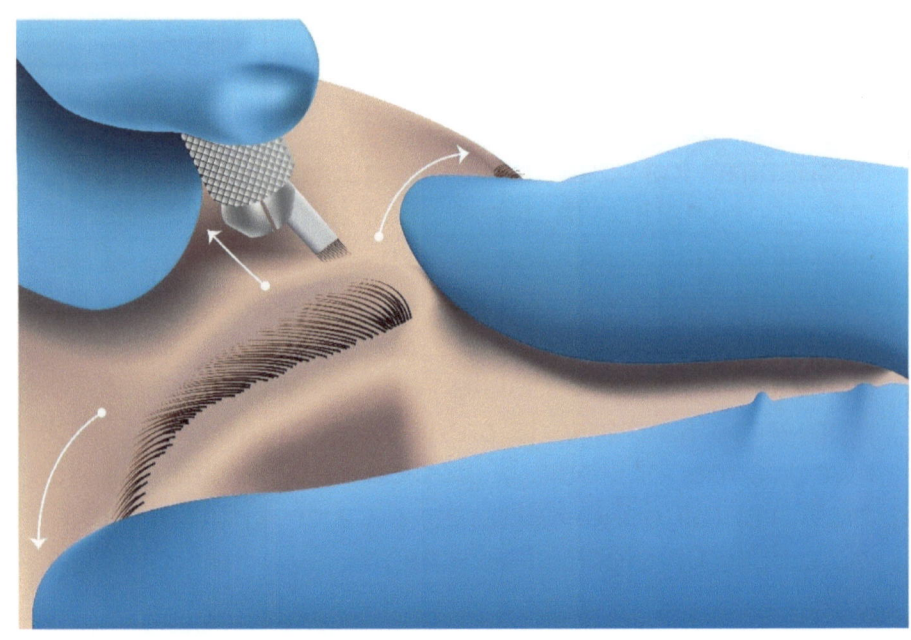

Sostén la cuchilla de la misma manera que lo harías con una pluma aplicando la misma cantidad de presión como lo harías si estuvieras escribiendo. El error más común de un principiante es aplicar demasiada presión. Si lo haces, tus trazos se desdibujarán o se borrarán, así que vigila tu profundidad. Por otro lado, si vas demasiado superficial sólo aterrizarás en la dermis y los pigmentos no se quedarán.

Cada piel de cada cliente es diferente y tiene diferentes espesores. A menudo la piel será más delgada al final de la ceja y más gruesa en la parte del bulbo, de modo que, la presión debe ser ajustada a medida que trabajas.
La piel vieja es más delgada que la piel joven, por lo que, con los clientes de mayor edad tendrás que

ajustar la presión. Usa una lámpara/linterna de cabeza

con el fin de calibrar realmente las profundidades de los cortes que estás haciendo.

La piel tiene cuatro grosores: súper-fino, delgado, regular y grueso. Conocer la piel y realizar el procedimiento de Microblading al nivel de tolerancia de esa parte de la piel, te ayudará a hacer tu trabajo al nivel de un gran profesional sin sobre trabajar la piel, obteniendo así mejores resultados.

Revisa bien tus agujas antes de comenzar cada sesión. Una aguja en malas condiciones o desalineada puede causar daños y cicatrices en la piel y dará resultados inadecuados.

Hay 2 maneras de comprobar el estado de tus agujas:

1. Toma una foto de la cuchilla con tu teléfono y luego haz zoom en la foto.
2. Utiliza una lupa para verlas mejor

Una señal que indica que has alcanzado la profundidad adecuada (lo que se conoce como "el punto dulce" o "sweet spot") es cuando se ve la piel dividida por un delgado canal que a menudo va marcado por un fino sangrado puntiforme.

Consejos para los trazos:

Reglas del trazado: Dibuja los vellos desde el principio hasta el final con toda la superficie de la cuchilla, mantén una distancia entre cada uno de aproximadamente 1 milímetro.

- Mientras realizas el Microblading, necesitas mirar muy cuidadosamente a fin de evaluar si estás o no en la profundidad correcta de dermis de la piel (aquí es donde la lámpara de cabeza es indispensable).

- Trabaja despacio. Es importante que utilices un ritmo lento para ver las ranuras finas. No te apresures o trates de acelerar el proceso porque tu trabajo se va a demeritar. Cuando haces los movimientos lentamente, serás capaz de determinar mejor la profundidad correcta mientras trabajas y serás más precisa. Entrénate para hacer tus golpes lentamente.

- No todos los tipos de piel sangran.

- Mantén los dedos y la muñeca sueltos. Trata de no tensarte.

- La piel sensible sangra más fácilmente, en cuyo caso, necesitarás aliviar su presión para evitar más sangrado. Demasiado sangrado diluirá el color.

- Cada pasada debe tener una curva. No hagas movimientos rectos.

- Los trazos deben estar situados cerca y creativamente.

- Asegúrate de que la cuchilla esté completamente en contacto con la piel y completamente erguida, sin inclinarse hacia la izquierda o hacia la derecha. Si la hoja se inclina creará líneas borrosas y tus trazos no estarán limpios. Para obtener trazos afilados y limpios, la hoja debe entrar en la piel en un perfecto ángulo de 90 grados y con todas las agujas tocando la piel.

- Para crear más definición aún, retoca las puntas de los trazos ya creados con la cuchilla y el pigmento. Empuja suavemente la cuchilla en la dirección opuesta a su carrera natural, realizando un ligero movimiento hacia delante. Éste debe ser un movimiento muy sutil. Esta técnica es especialmente buena para las áreas donde el cliente es más carente de vellos.

- Un problema común con los trazos del técnico principiante es que estos desaparecerán pero solamente para reaparecer más adelante en el proceso curativo. Esto es causado por ir demasiado profundo en las pasadas y por la aplicación de presión desigual.

Es importante realizar todas las pasadas con una misma presión uniforme desde el principio hasta el final del golpe. Tu objetivo debe ser la coherencia durante el trazo. La consistencia es lo más importante y lo más difícil de lograr cuando realizas el Microblading.

- Las pieles muy oscuras o grasas corren el riesgo de que los trazos se vuelvan cenizos y las líneas borrosas: haz movimientos más cortos y más separados en la primera sesión y refínalos según se necesite en la sesión de seguimiento. Las pieles muy oscuras o grasas funcionan mejor si utilizas una cuchilla más dura.

- Reduce la presión de la cuchilla en el último tercio de la ceja (el final).

Tina Davies, quien es una técnica experta de Microblading y es una gran artista, entrenadora y coach, tiene algunos videos maravillosos de youtube sobre Microblading que puede que quieras ver. Yo personalmente uso y amo la línea de Tina de herramientas desechables para Microblading llamadas "Harmony". También recomiendo altamente su línea de plantillas/almohadillas para la práctica llamadas "Angie" que son las únicos que te dicen si estás utilizando la cantidad correcta de presión. Son diferentes a cualquier otra almohadilla que he encontrado.

Tina nos dice: "No apliques presión. Mientras la piel se estire agradable y firmemente (el estiramiento de 3 puntos) y tú estés sosteniendo tu cuchilla a gusto y en forma recta, puedes dejar a las agujas hacer el trabajo. Simplemente estarás guiando a las agujas".

A continuación te comparto un artículo maravilloso que Tina Davies escribió sobre Microblading:

Principales habilidades técnicas para el Microblading: estiramiento, ángulo y flujo lento

ARTÍCULO*

Título original: Microblading top technical skills: Stretch, Angle and Slow-Flow
Posteado por Tina Davies. 09/julio/2017
*Tomado de: https://tinadavies.com/blogs/news/Microblading-top-technical-skills-stretch-angle-and-slow-flow

El Microblading es el integrante más nuevo en el mundo de la cosmetología permanente y ha ido ganando popularidad en los últimos 2 años. A los artistas del tatuaje les encanta la idea de tatuar de la forma en que dibujan naturalmente sin tener que preocuparse por molestos cables, fuentes de poder y vibraciones incómodas.

La técnica del Microblading es muy artística e intuitiva; permite que el diseño del artista "fluya" desde su mente al lienzo de la piel. No es de extrañar que los artistas de todo el mundo hayan adoptado rápidamente al Microblading y que los clientes estén pidiendo este servicio a gritos.

Hay muchos retos para realizar Microblading correctamente y obtener los mejores resultados.

Como en cualquier habilidad técnica, la forma adecuada es lo primordial.

En este artículo, voy a compartir contigo lo que yo considero son las 6 principales habilidades técnicas que los artistas deben trabajar a través de la repetición sin fin con el propósito de dominar el Microblading.

1. *Estiramiento*

Sin duda alguna, el factor más importante para obtener grandes trazos es hacer buenos estiramientos. La clave para obtener un estiramiento adecuado es aplanar, al mismo tiempo, la piel en 3 direcciones opuestas. Esto se llama el estiramiento de 3 puntos.

La mano para estirar (la mano sin herramienta) debe colocarse estratégicamente sobre la frente del cliente para fijar la piel y separarla en tramos pequeños y tensos. Esto abarca 2 de los 3 puntos necesarios. Ahora, al mismo tiempo, el dedo meñique de la mano de trabajo debe estirarse en una dirección opuesta para completar el tramo de 3 puntos.
Justo cuando piensas que no puedes obtener ya una piel más plana, es cuando ya estás ahí. Recuerda que cuando la piel está completamente plana, el golpe del trazo que realices será el más limpio ya que la superficie estará libre de arrugas y rebotes.

2. Profundidad

La pregunta más común que me hacen los técnicos del Microblading es acerca de la profundidad.

La profundidad es crítica, porque si vas demasiado superficial sólo aterrizarás en la epidermis y el color no se fijará. Pero, si vas demasiado profundo, puedes causar cicatrices y el color se tornará cenizo demasiado pronto. Entonces, ¿cómo averiguar cuál es la profundidad perfecta? La verdad es que es muy complicado ya que cada cliente tiene un espesor de piel diferente y a menudo, la piel será mucho más delgada en la parte final de las cejas que en la parte del bulbo de ellas.

Para que el color pueda permanecer en óptimas condiciones, tendrás que hacer el Microblading a la dermis superior, pero no más. Una señal que indica que has golpeado la dermis superior o que estás en el "punto dulce", es cuando ves un ligero canal en la piel, marcado a menudo por un sangrado puntiforme. Hablo mucho sobre realizar el Microblading a la profundidad adecuada y cómo esto se relaciona con el grosor particular de la piel de cada cliente.

3. Leer la piel

En mi experiencia, diría que la piel viene en 4 diferentes variedades de espesor: súper-delgada, delgada, regular y gruesa. Necesitas entender el nivel de tolerancia de la piel para entender su punto de ruptura. Este conocimiento lo obtendrás a través de la experiencia y te ayudará a comprender la profundidad adecuada en la que deberás realizar el Microblading.

Imagina dos escenarios: cortar un pañuelo de papel tisú y cortar una toalla de papel. Cuando se familiariza uno con los diferentes tipos de piel, se empieza a entender si necesitas tratar tu lienzo como un pañuelo de papel tisú o como una toalla de papel.

Conocer la piel y realizar el Microblading según la tolerancia de ese tipo de piel te ayudará a realizar el procedimiento en el nivel adecuado sin sobretrabajar la piel. Menos trauma = mejores resultados.

4. Consistencia

En Microblading, la tortuga siempre gana. Es muy importante usar un ritmo lento, constante y consistente. No sólo debes concentrarte en hacer cada golpe lentamente, debes también ser muy consciente del ritmo durante todo el procedimiento. No te dejes atrapar por la trampa de la velocidad y aceleres tu trabajo a medida que progresas porque tus resultados se verán afectados.

Con cada caso, encontrarás distintos retos como sangrado, piel laxa, manchas gruesas de pelo... y, la mejor manera de lidiar con estos desafíos es trabajar a un ritmo lento y constante. Si tú realizas tus trazos lentamente, trabajarás con más precisión y superarás este tipo de obstáculos. Concéntrate en hacer que cada pasada cuente. Recuerda, si vas lento y constante ganas la carrera.

5. Ángulo

El mayor error que veo que hace la gente es en esta categoría. Presta mucha atención al ángulo en que la cuchilla entra en la piel. La aguja DEBE entrar en una posición vertical y no angulada. Si observas el perfil lateral de un pinchazo de Microblading de alta calidad, verás que la aguja penetra la piel en un ángulo de 90 grados haciendo un contacto completo por parte de todas las agujas que tocan la piel.

Imagínate tratando de cortar un pedazo de papel con tus tijeras en una posición angulada, no serás muy eficaz. El Microblading es similar. Si no estás penetrando la piel con un ángulo perpendicular, la calidad de la pasada se verá comprometida y los vellos creados serán difusos.

6. Seguimiento

Es importante terminar cada pasada o golpe uniformemente con la misma velocidad y presión. Nunca uses dos (o más) trazos para representar un mismo filamento. Algunas pasadas serán más largas que otras, así que asegúrate de terminar cada una y seguir adelante. Tómate tu tiempo aquí y trabaja despacio para ser consistente y precisa.

Ganar capacidad en Microblading requiere de un tremendo compromiso con la consistencia y el detalle y mediante una práctica repetitiva, lograrás construir la memoria muscular requerida.

Así que recuerda: ESTIRAMIENTO, ÁNGULO, y FLUJO LENTO.

Una palabra acerca de la capacitación: a través de una formación adecuada y dedicación a la educación continua, puedes obtener la teoría, los antecedentes y las habilidades que se requieren para obtener hermosos resultados.

Antes de comprometerse a cualquier curso de formación, yo recomiendo encarecidamente a los artistas, entrevistar a sus instructores por teléfono o en persona, ya que será una de las inversiones más importantes que alguna vez harán en su camino hacia el éxito.
Los instructores profesionales nunca se molestan por este proceso, ya que los buenos están dispuestos a compartir y a orientar a los estudiantes.

¿Cuántas veces has escuchado de personas que retoman los cursos fundamentales básicos una y otra vez después de quedar decepcionados con una formación inadecuada? Si tú haces tu tarea por adelantado y seleccionas a un buen entrenador, sólo deberás hacerlo una vez.

Junto con la formación adecuada, no puedo dejar de subrayar la importancia de tener fuertes conocimientos sobre los riesgos asociados con patógenos transmitidos por la sangre. Esta educación es obligatoria para todos los artistas que realizan cualquier procedimiento de maquillaje permanente, independientemente de la técnica que utilicen, y es fundamental para proteger a ambas partes involucradas, esto es, tanto al cliente como al artista.
Asimismo, es crítico mantener un ambiente de trabajo seguro y profesional y usar solamente herramientas estériles y desechables. Construir y mantener una sólida reputación dependerá de tu compromiso con todos los aspectos de seguridad de este ramo profesional.
Recuerda, no hay atajos, sólo trabajo duro. Practica los 6 pasos clave con un compromiso a la excelencia y prometo que superarás no sólo tus propias expectativas, sino también las de tu cliente.

Ahora ve ¡y practica!

Capítulo 11
Cuidados posteriores

La importancia de un cuidado adecuado

¿Sanar en seco o sanar en húmedo?

Éste es otro tema muy dividido.

Este debate va desde el artista del tatuaje hasta los técnicos en Microblading pasando por todos en el medio.

Las personas que creen en la curación en seco creen en ella de todo corazón. Son profesionales experimentados con años de experiencia. Ellos saben de qué están hablando. Desafortunadamente, para aquellos de nosotros que somos indecisos, también parecen tener razón las personas en el lado de la curación húmeda. Ambos bandos proporcionan una prueba muy convincente de por qué su método es el único método que funciona y por qué su camino tiene más sentido.

Una esteticista con la que hablé sobre este tema, me contó su teoría y me gustó mucho lo que me dijo. Ya que ambos métodos parecen funcionar pero al mismo tiempo hay veces que no funcionan, ella cree que podría tener que ver con los distintos tipos de piel.

Tal vez, sea mejor para las personas con piel grasa sanar en seco ya que, si agregamos más aceite a una piel ya de por sí grasosa, resultará en demasiado aceite en una curación húmeda. Y quizá, las personas con piel seca, puedan necesitar algo de humedad para ayudar con la curación.

Eso tiene mucho sentido para mí, pero no hay evidencia científica que yo pueda proporcionarte.

El cuidado después del procedimiento

Esto viene de un maravilloso escrito de **Amie Connors** en **Beautiful Ink Tattoos** (https://beautifulink.org/) sobre cómo curar adecuadamente un tatuaje.

Con este método, añade Amie, sus clientes nunca hacen costra y nunca pierden pigmento. Me encanta que este texto se basa en la ciencia:

¡Es CIENCIA! La ciencia de la curación...

Cuando el cuerpo se tatúa, éste, está siendo herido y además estamos rellenando con tinta esas heridas producidas. Se crean muchos cortes.
El cuerpo obviamente reacciona mediante el envío de sangre y linfa a los puntos lesionados, deslizándose a su lado están también los macrófagos y los glóbulos blancos (en la sangre).

En un lapso de aproximadamente unas tres horas (más o menos) el sitio tatuado se torna húmedo con la linfa. Todo esto que sucede, hace que se creen las costras o cicatrices porque es lo que el cuerpo tiene que hacer para protegerse de la infección. Aunque hoy en día podemos proteger las heridas de las infecciones con jabones y cremas antibióticas (el aceite de coco es antibiótico y antibacteriano).

No queremos que se formen costras porque éstas sacan el color. Como artistas del tatuaje siempre hemos estado enviando a la gente a sus casas envueltas en plástico diciéndoles que se lo quiten en unas cuantas horas y que laven muy bien, aunque suavemente, la zona con jabón antibacteriano para después comenzar el proceso de curación con aceites de semilla de uva o cualquier aceite de nuez, o con el aceite de coco que es natural, fácilmente absorbido en la piel y tiene muchos beneficios curativos. Al tenerlos envueltos, evitas que los fluidos corporales se sequen y comience el desarrollo de una costra en esas primeras horas tan importantes.

Bueno, ciertamente no podemos enviar ahora a nuestros clientes a casa con sus cabezas envueltas en plástico, pero siempre se les puede poner una pomada o ungüento como "A & D" o "Aquaphor" en la frente. La capa deberá ser lo suficientemente gruesa para que mantenga el área tatuada mojada y contenga ese fluido corporal evitando así que se reseque

En estas importantes primeras horas, los clientes reciben instrucciones de no tocarse esa área y de esperar 3 horas para lavarse las cejas suavemente quitando todos los rastros de pomada o ungüento con el jabón antibacteriano. Deberán secarse con una toalla de papel para luego aplicar una fina capa de aceite de coco o de su aceite favorito. El punto es no dejar que se sequen por completo las heridas pero sí dejar que el cuerpo se cure. Así que, después del cuidado y lavado inicial (a las 3 horas del procedimiento), se deberán lavar en las noches con el jabón antibacteriano e hidratar con el aceite elegido. Y deben seguir haciéndolo hasta que hayan sanado. Cada cliente sabrá cuando ha curado porque su piel será suave otra vez sin escamas o resequedades.

Ahora, ¿por qué no curar la herida con una capa gruesa de gel a base de petróleo o uno no transpirable?

La piel necesita aire. Es un órgano semipermeable y poniéndole encima una capa de "A & D", "Vaselina" o "Aquaphor" mientras se cura, estamos impidiendo justo lo que es necesario para sanar correctamente.... Aire.

Entonces, ¿cómo hacer para mantener la piel hidratada pero no sofocada? Con aceite de coco o cualquier aceite de nuez, ésta es la mejor manera de curar un tatuaje y no obtener la formación de costras.

Esto aplica para todas las formas de tatuaje. Coloreado o sombreado (Microblading o a máquina).

Un tatuaje es un tatuaje.
Es ciencia biológica.
Y tiene mucho sentido.

También está este otro método que es uno de curación en seco:

Ni agua ni cualquier otro líquido pueden entrar en contacto con la zona afectada durante 7 días después de la realización del Microblading, incluso una pequeña gota expandirá la herida y hará que aparezca una costra.

Aquí, se deberá desinfectar el área afectada con una pequeña cantidad (una rociada solamente sobre una torunda de algodón para ambas cejas) del desinfectante recomendado de 2 a 4 veces al día. Si tu piel es grasa

asegúrate de mantener las cejas limpias y secas. Podrás desinfectar más veces si es necesario. Si tu piel es seca, elije un desinfectante sin alcohol para evitar resequedad adicional y sólo desinfecta de 2 a 3 veces al día. Hacerlo de más te ocasionará resequedad.

Ejemplos: Desinfectantes a base de alcohol: cutasept (antiséptico incoloro) a base de octenidina (alcohol quirúrgico) tales como "Octenisept" y "Octidept", no causarán picazón (70% a base de alcohol).

Si ocurre picazón, puedes usar "Bactine", y también desinfectará el área ya que contiene lidocaína y cloruro de benzalconio.

Si tienes resequedad, SOLO DESPUÉS del cuarto día, puedes desinfectar el área usando una pequeña cantidad de aceite de coco o de semilla de uva. Asegúrate de que tus cejas no queden grasosas, sólo ligeramente húmedas. No debe quedar ni asomar ningún residuo de aceite.

- Después de 7 días, puedes ya usar un jabón suave o un limpiador no graso para mantener las cejas limpias.

- No uses ningún otro ungüento o cremas con vitaminas o antibióticos en las cejas.

- No tomes el sol ni te broncees durante 4 semanas.

- No debes rascar ni tocar tus cejas durante al menos 2 semanas. Tampoco debes dormir sobre ellas por ese tiempo.

- No debes realizar entrenamientos pesados durante 10 días posteriores al procedimiento. Evita sudar.

- Evita los geles a base de petróleo o vaselinas durante tu período de curación.
Cualquier producto con una base de petróleo puede causar una reacción indeseada, costras, descamaciones y sudoración porque la piel no es capaz de respirar.

- Es normal ver un poco de descamación, pero no costras.

• Si mantienes las cejas limpias y secas, una película delgada (no una costra) aparecerá después de 4 o 7 días. Se caerá sola en 7 o10 días (no la despegues). Después de que la película se separa todavía se puede sentir algo de resequedad, en ese caso deberás limpiar o desinfectar la zona con una pequeña cantidad de aceite de coco o de semilla de uva. Sigue siendo muy cuidadosa con cualquier limpieza en el área afectada. El período completo de sanación tarda entre 28 a 45 días.

• Si hay algún contacto con agua, sebo o sudor, la herida se expandirá y causará una costra. La costra dará lugar a picazón y descamación del pigmento. Si se rasca la costra, puede aparecer una cicatriz o una mancha blanca y no quedará nada del pigmento.

• La piel de cada persona se cura de manera diferente. Es importante recordar que este es un proceso de, al menos, dos partes y el segundo retoque completará tu procedimiento.

Sea cual sea la forma en que elijas sanar las cejas de tu cliente, estos son los puntos con los que todos están de acuerdo:

• Absolutamente nunca trates de arreglar o añadir trazos durante el proceso de curación. (Esto puede causar cicatrices permanentes).

• No se deben usar cremas, maquillajes u otros productos en el área tratada por un mínimo de 10 días.

- Entre 4 o 5 horas después del procedimiento, limpia el área con agua estéril usando una torunda de algodón o gasa (discutible: usando un limpiador suave o jabón antibiótico).

- Evita la sudoración intensa durante los primeros 10 días.

- No frotes, toques o rasques el área tratada. Deja que cualquier costra o piel seca se exfolie naturalmente. La alteración de esto puede causar la pérdida de pigmento.

- Evita la exposición directa al sol o el bronceado durante 3 a 4 semanas después del procedimiento.

- No se pueden realizar tratamientos faciales, botox, microdermoabrasión, láser o químicos durante 4 semanas después del procedimiento.

- Evita dormir sobre tu cara durante los primeros 10 días.

- No utilizar Retin-A, Renova, alfa hidroxi o ácido glicólico en cejas que han sido sometidas al Microblading.

Cuidados para después del Aclarado o remoción

Es fundamental seguir todas las instrucciones posteriores para prevenir complicaciones,

cicatrices y lograr los resultados óptimos.
Por favor lee cuidadosamente.

1. MANTÉN EL ÁREA LIMPIA y abierta al aire. No la cubras con un vendaje o cualquier otra cosa, déjala abierta al aire. El aire / oxígeno proporcionan una mejor y más rápida curación. No deberás estar tocando la zona en absoluto, pero, si te llegaras a encontrar con la necesidad de hacerlo, por favor asegúrate de que tus manos estén excepcionalmente limpias.
2. NO remojes el área tratada en agua. Puedes ducharte como lo haces normalmente pero mantén la zona fuera del alcance del agua lo mejor que puedas y no dejes que la zona permanezca húmeda por más de unos minutos.
3. NO NADAR, TOMAR SAUNAS, BAÑOS DE TINA, BRONCEADOS, O HACER EJERCICIO INTENSO.
4. NO interrumpas el proceso de cicatrización natural (es decir, no arranques pellejitos, no te rasques, etc.). Todas las costras deben caerse de forma natural. Si fuerzas o te arrancas una costra, interrumpirás el proceso y posiblemente causarás cicatrices.
5. TRATA EL ÁREA CON EXTREMO CUIDADO, AMOR Y ATENCIÓN. No hagas nada que pueda causarte problemas en el área tratada. Si no estás segura o tienes alguna pregunta por favor llama o envía un correo electrónico.

6. **UNA VEZ QUE SE HAYAN CAÍDO TODAS LAS COSTRAS NATURALMENTE**, aplica una gota de Aceite de Vitamina E de 4 a 6 veces a lo largo del día durante un mínimo de 4 semanas, o hasta la siguiente sesión de seguimiento y retoque. NO empieces a aplicar el aceite de Vitamina E hasta que todas las costras se hayan caído por completo. Es nuestro objetivo mantener el área tan seca como sea posible hasta que todas las costras se hayan desprendido de forma natural.

Es importante para el buen desarrollo del proceso y para la integridad de la piel, que se cumplan las 8 semanas completas de curación antes de que se pueda hacer otra sesión de retoque/aclarado. Sin excepciones.

Aligerar y/o quitar el pigmento no deseado es un proceso largo y se requiere de paciencia. Esto aplica tanto si tú estás eligiendo un servicio de pigmentación con productos de iluminación o un tratamiento de láser.

Por favor se paciente y dale al proceso una oportunidad justa para que trabaje. Deberás esperar de 3 a 6 sesiones para obtener resultados visibles y deseados. ¿Cuántas sesiones son necesarias? Dependerá de cuán saturado el pigmento esté, qué tan profundo se implantó y cuánto necesita ser eliminado para el resultado deseado.

En muchos casos sólo un porcentaje de la densidad necesita ser aclarado o removido y entonces podemos continuar el proceso de corrección del color.

En aquellos casos en los que tengamos el pigmento fuera de lugar o en un área no deseada, la corrección de color no será una opción y la eliminación de la mayor parte del pigmento como sea posible será nuestro objetivo final.

No se pueden prever, predecir ni garantizar los resultados.

# Capítulo 12
El proceso de sanación

Lo que tú y tu cliente pueden esperar

Definitivamente es todo un proceso. Los clientes casi siempre se ponen nerviosos en este momento y necesitarán que los tomes de la mano sin importar cuánto les expliques el proceso Es entendible. Mirarte en el espejo y verte a ti mismo con las cejas demasiado oscuras o demasiado espesas da miedo y proyectaría a cualquier persona, por más segura que pareciera, a las redes de la incertidumbre y la duda.

Creo que no hay un cliente que no se haya preguntado durante el proceso de curación, si no ha cometido un grave error. Por suerte, para cuando el proceso de curación ha terminado y regresan para el retoque, lo hacen felices, relajados y completamente seguros.

Qué esperar durante el proceso de sanación

Tus nuevas cejas temporales pasarán por varias fases durante el ciclo de curación.

Al principio, tus cejas pueden parecerte demasiado rojas y demasiado grandes. No te alarmes. Acabamos de trabajar la piel y es natural que esté roja e hinchada. Se calmará en uno o dos días.

El pigmento aparecerá muy intenso y oscuro inmediatamente después del procedimiento. Esto es porque el pigmento todavía está situado en la parte superior de la piel, y no se ha asentado por completo. El color del pigmento se suavizará gradualmente. El proceso de cicatrización también hará que las cejas parezcan más oscuras. Mantén la calma, todo esto se aclarará dentro de una semana más o menos. El color será eventualmente un 30 a 50% más ligero y la ceja será un 20 a 30% más pequeña cuando esté completamente sanada.

Una vez que la curación de la piel comienza a tener lugar, ésta se verá como si fueran escamas de caspa o despellejadas de la piel. Esto podría darte la impresión de que el pigmento de color se desvanece demasiado rápido, sin embargo, esto es sólo el color superficial y la piel seca que se cae naturalmente de tus cejas.

Algunos trazos desaparecerán y volverán a aparecer en 2 o 3 semanas. No todos los trazos se mantendrán. Es perfectamente natural perder entre un 10 a un 15% de lo trazado, pero estos se colocarán nuevamente en la sesión de seguimiento y retoque.

Es posible que sientas algo de picazón, pero por favor trata de resistir. Si te sientes incapaz de resistir la picazón puedes aplicar un poco de "Bactine" a la zona para sentir alivio.

Una vez que todas las costras se hayan caído naturalmente y la piel se recupere, podrás aplicar aceite de vitamina E a la ceja un par de veces al día hasta que sea la cita para tu segunda sesión.

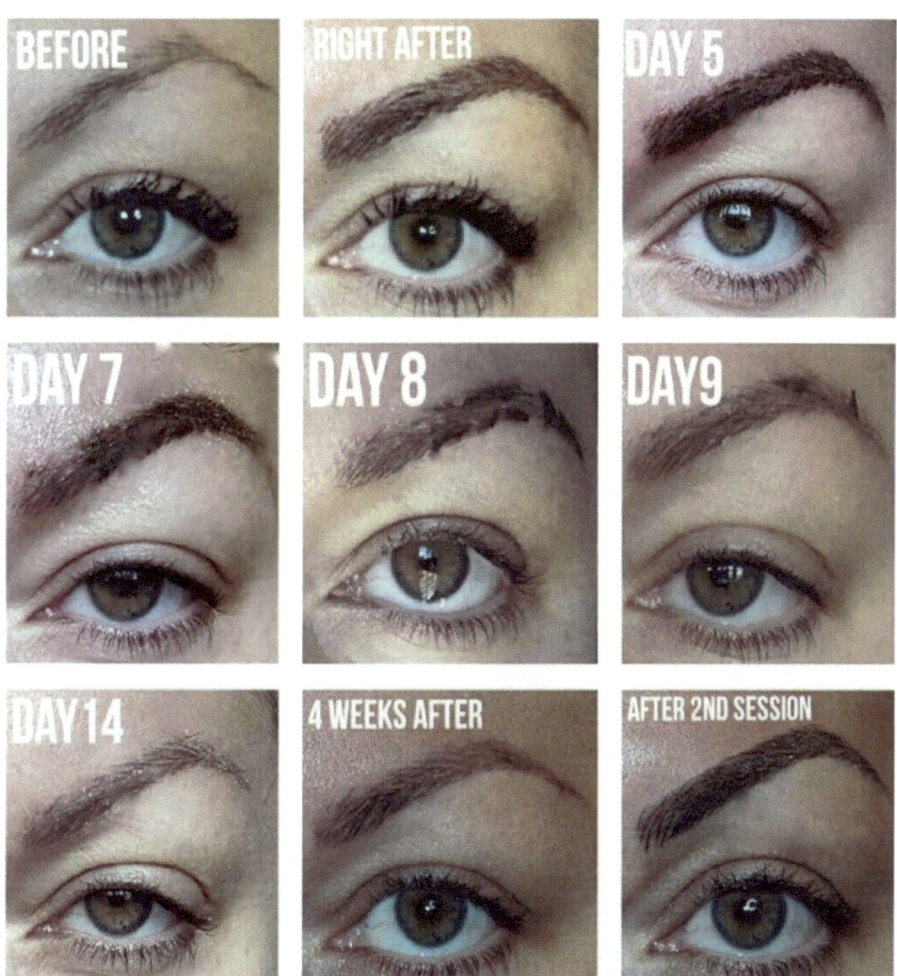
Imagen proporcionada por la artista Joanna Bieszczad

Day 1: OMG! I'm in love with my new brows. Thank you!

Day 2-4: I don't like this color, it's too dark.

Day 5-7: Oh, no! My brows are scabbing and falling off.

Day 8-10: WTF? My brows are gone!

Day 14-28: Thanks God my brows are coming back! Still looking patchy and uneven.

Day 42 (after touch up): Aww, they're beautiful! I love them! Thanks again!

Emoticones:

Día 1: Oh Dios! Estoy enamorada de mis nuevas cejas, ¡gracias!

Día 2-4: No me gusta este color, es demasiado oscuro.

Día 5-7: ¡Oh, no! Mis cejas se están despellejando y cayéndose.

Día 8-10: ¿Qué demonios pasa? ¡Mis cejas desaparecieron!

Día 14-28: ¡Gracias Dios mío, mis cejas están regresando!

Día 42: (después del retoque) ¡Aww, son tan hermosas! ¡Las amo! ¡Gracias de nuevo!

Capítulo **13**
Cursos y entrenadores

¿Quién, cuándo y dónde?

Encontrar el curso correcto y al entrenador adecuado es el primer y más importante paso a tomar. No hay nada peor que pagar miles de dólares por un curso que crees que no era el adecuado para ti.

¿Cómo puedes encontrar el curso adecuado para ti? Los grupos de Facebook son un lugar brillante para mirar. Tienes la oportunidad de escuchar las recomendaciones y experiencias de otras personas. Puedes hacerles todas las preguntas que desees. Pero aun así, no hay garantías. Siempre hay personas de las que no habías escuchado nada antes de tomar tu curso. La ubicación es a menudo una consideración muy importante así como también lo es el precio.

Puedes encontrar cursos que varían muchísimo en precio por ejemplo, ir desde los $ 2,500.00 dólares hasta los $ 10,000.00. Como todos aprendemos de manera diferente y tenemos diferentes requisitos, tú tendrás que hacer tu propia investigación y búsqueda, aunque más adelante te compartiré una lista de todos los entrenadores que pude encontrar. Tú decides quién es el mejor para ti.

La elección de un entrenador formativo es un importante primer paso y puede ser una experiencia desalentadora, especialmente si no tienes ni idea de qué buscar.

Hay muchos entrenadores por ahí, algunos geniales, otros no tan buenos. ¿Cómo sabemos la diferencia cuando no sabemos nada de Microblading? Aquí hay un artículo escrito por Vogue Brows en Sudáfrica que te dará consejos sobre qué buscar en una capacitación o entrenamiento.

Asegúrate de hacer tu investigación con cuidado.

¿Qué buscar en un entrenador de Microblading?

ARTÍCULO

Título original: What to look for in a Microblading Training Provider*
24/Jul/2016
By Gregory Schroeder / Vogue Brows.
*Artículo tomado de: http://www.voguebrows.com/information/look-training-provider/

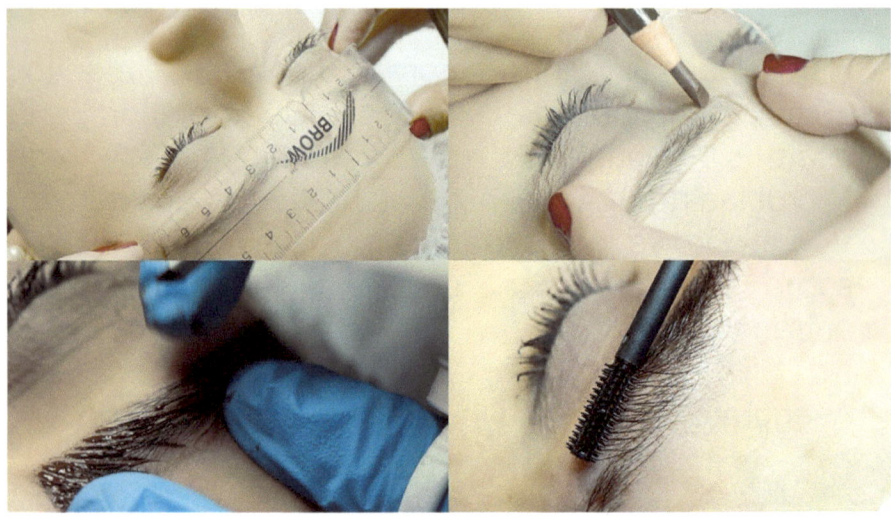

Con tantos cursos de capacitación en Microblading deficientes y desactualizados en Sudáfrica, sentimos la necesidad de educar a los estudiantes potenciales sobre qué buscar al elegir un proveedor de capacitación. ¿Deseas completar un curso para dejarlo tan pronto como se haya introducido una técnica nueva o actualizada? ¿Puedes permitirte seguir asistiendo a diferentes cursos para mantenerte actualizado? ¡Creemos que no! Lee *nuestro blog para ver cómo siempre puedes mantenerte a la vanguardia en una industria en constante progreso como la de la belleza.*

Explicación del proceso de entrenamiento de Microblading

Aunque el Microblading es en realidad una forma de maquillaje permanente, debe tratarse como una forma distinta y completamente diferente de arte. Al comparar un tatuaje de cejas hecho por máquina con el hecho por Microblading, se hace evidente que el Microblading permite trazos de vello más delgados, más naturales y realistas. Vale la pena mencionar que el adquirir las habilidades necesarias para realizar el Microblading requiere de meses de práctica que deberás realizar antes de que puedas comenzar a cobrar a tus clientes por el procedimiento.

Es vital lograr trazos limpios y nítidos y una buena retención de pigmento en ellos. Dibujar trazos imitando cabellos perfectamente curveados es extremadamente complejo y requiere de mucha práctica. También es desafiante trabajar en diferentes caras, por lo que, la práctica inmediata en modelos en vivo es bastante irresponsable.

Recomendamos practicar primero con el entrenador presente y luego practicar sobre piel artificial antes de trabajar con modelos en vivo. Para obtener realmente experiencia en Microblading, 2 a 3 meses mínimo de práctica serán necesarios.

Uno deberá ser capaz de:

- *Identificar el tipo de piel.*
- *Elegir la forma de la ceja correcta según el tipo de cara.*
- *Conocer y saber aplicar las técnicas de anestesia/adormecimiento adecuadas.*
- *Estirar la piel correctamente mientras se trabaja.*
- *Poder crear diferentes trazos naturales.*
- *Conocer la profundidad correcta para cada toque.*
- *Crear la simetría de ambas cejas.*
- *Calcular la forma de la ceja con base en el método Golden Mean Ratio (número áureo).*
- *Seleccionar con precisión pigmentos y modificadores de color.*
- *Comprender adecuadamente los cuidados posteriores al tratamiento.*

Tomado de: http://www.voguebrows.com/information/look-training-provided

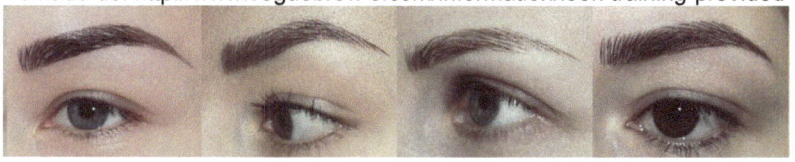

Al hacer tu búsqueda del curso más actualizado de Microblading, revisa lo siguiente:

Curriculum

Creemos que es importante tener un currículo muy fuerte que cubra todo lo que hay que saber acerca del Microblading y la práctica segura. Vamos a desglosar:

1. **Estructura de la piel**

Saber sobre las capas de la piel, los diferentes tipos de piel y las diferentes técnicas de penetración es muy importante. Asegúrate de que tu entrenador cubra éstas a detalle. También es de vital importancia que sepa entender los diferentes tipos de piel y qué productos / equipos se deben utilizar con el fin de lograr los mejores resultados de curación. Pregunta a tus posibles instructores cuánto tiempo se dedican al tema de la piel.

2. Áreas faciales, características y proporción

Es vital entender las áreas faciales, sus características y proporciones con el fin de ofrecer a tu cliente una forma de cejas, diseñadas a medida, que complementen y enmarquen su cara maravillosamente. Asegúrate de que tu entrenamiento te proporcionará alguna orientación sobre qué formas de cejas complementan las caras.

3. Estructura y medición de las cejas

Aquí es donde muchos artistas / estudiantes se asustan, ¡escuchando la palabra medición! No es ciencia de la NASA, bueno, ¡casi! La medición es el paso más importante cuando se trata de diseñar la ceja más trendy. Es importante que se enseñen los diferentes métodos para medir las cejas para asegurar que los estudiantes encuentren uno con el que se sientan completamente cómodos. "Las cejas no son gemelas idénticas, son hermanas —y tampoco deben ser primos lejanos".

4. **Seguridad y sanidad**

Protegerte a ti mismo, así como a tus clientes ¡es de suma importancia! No podemos enfatizar lo suficiente el hecho de que se debe ser ultra cuidadoso cuando se trabaja con sangre y se corta la piel. Busca un entrenamiento que promueva prácticas seguras e higiene apropiada cuando se trate del procedimiento de Microblading.

5. **Estudio del color**

Una sección en profundidad sobre el estudio del color es crucial para ayudar a los estudiantes en la elección del mejor color para cada cliente individual. El comprender la escala de Fitzpatrick ayuda a determinar mejor las tonalidades del cliente y qué modificadores usar para cada tipo de piel.

6. **Tipos de cuchillas y sus usos**

No necesito decirte lo importante que es entender los diferentes tipos de cuchillas y sus implicaciones sobre los distintos tipos de piel. Casi no hace falta decirlo, sabiendo que esta información es una necesidad básica, y sin embargo, muchos cursos no cubren este importante tema. Asegúrate de que el entrenamiento que elijas lo haga.

7. **Anestesia**

¡Los anestésicos deben de ser tomados muy en serio para evitar cualquier contratiempo! Los estudiantes necesitan saber lo siguiente:

- *Información general*
- *Indicaciones*
- *Pautas de dosificación y técnicas de administración*
- *Mecanismo de Acción*
- *Absorción*
- *Efectos adversos*
- *Reacciones alérgicas*

8. **Diferentes técnicas disponibles**

A pesar de que las cejas 3D y 6D se ven muy similares, hay una diferencia importante: el espesor de la hoja. Las cuchillas usadas para 6D son más pequeñas y más finas en diámetro que las cuchillas usadas para la técnica 3D, creando así un corte o golpe más fino en la piel que finalmente resultará en un trazo suave y limpio. También están las técnicas súper populares de "ombré shadow" (degradado) y de pintura en polvo (powder technique). ¿Tu curso contempla información sobre éstas?

Todo el mundo es diferente y tendrá diferentes necesidades y formas de aprendizaje, pero estos 8 temas sobre Microblading no son negociables. Son los básicos que cada técnico que se precie de ser bueno en Microblading, debe saber.

También es cierto que es difícil conseguir todo lo que necesitas saber en un solo entrenamiento, y que el aprendizaje viene en diferentes niveles, ya que, lo que necesitas saber como principiante, es diferente de lo que necesitarás saber como un técnico avanzado, por lo que una educación y formación continua y constante es imprescindible para estar siempre preparado.

Trata de no dejar que el precio sea tu guía. Si te vas al curso de
$1,500 porque es más asequible, pero no tiene respuestas a todas tus preguntas y te quedas sin suficiente confianza para practicar el Microblading, o peor aún, lo realizas así, no habrá sido un buen negocio para ti después de todo. Siempre terminará costándote más al final. Te costará en tiempo y errores, lo que equivale a la pérdida de clientes y a la pérdida de ingresos.

Tengo un dicho, "Es caro ser pobre", es decir, siempre cuesta más a largo plazo pagar menos en el corto plazo.

Si no puede permitirte el curso correcto en este momento, podría ser mejor esperar, pedir dinero prestado o buscar hacer pagos diferidos que tomar un curso de menor costo.

Pero tampoco asumas automáticamente que el curso caro será un buen curso sólo porque es costoso. Haz tu investigación. Trata de hablar con personas que

hayan tomado ese curso que te interesa; ahora es fácil hacerlo con las redes sociales.

Si deseas estar segura de que obtendrás la mejor formación absoluta sin hacer ningún trabajo de investigación y búsqueda, entonces ven directo a Vogue Brows en Sudáfrica. Nos aseguraremos de que te vayas con todo el conocimiento que necesitas para ser un técnico de Microblading confiado y experto.

Me gustaría añadir una nota aquí: Al elegir un entrenador o una capacitación, indaga qué línea de pigmentos es la que recomiendan y avalan e infórmate cuánto y qué tipo de entrenamiento proporcionan para esta línea de pigmentos. ¿Es esta una buena línea de colores para ti?

Empápate de información ya que la línea de pigmentos que utilices para empezar tendrá todo que ver con la cantidad de éxito que obtendrás con la creación de tus cejas y es una parte súper importante de tu formación en Microblading.

Entrenadores y centros de capacitación en Microblading

La siguiente es una lista de entrenadores y centros de entrenamiento en Microblading de todo el mundo.

Academy of Advanced Cosmetics- Georgia, USA
Academia Biotek – Toscana, IT
Advanced Aesthetics International- UK*
American Beauty Institute*
Baltic Brows*
Bangkok Beauty Academy
Bare Face Beauty- Wilmslow, Cheshire- UK
Beau Institute of Permanent & Corrective Cosmetics- NJ, USA
Beauty Annex- N.Y. & Louisiana, USA
Beauty Training Academy- Cindy Mackenzie- UK
Beyond the Brows – Londres, UK
Biotek – UK
Biotouch*
Brigit Microblading & PMU- London, UK
Broadway Lash and Blade Academy*
Brow Design Microblading Academy*
Center for Permanent Makeup- Canadá
Colett Academy- AZ, USA
Dallas Skin Institute- Dallas, TX, USA
Daria Chuprys- Beverly Hills, USA
Deluxe Brows- San Diego, USA
Dermagraph – Londres, UK
Elite Microblading Academy – Los Angeles, USA
Endless Beauty- Florida, USA
Epibrow*
Everlasting Brows*
Eye Design – Nueva York, USA
Flirt and Flutter Make Up Academy, USA
Glamore Aesthetics, LLD- UK*
Institute of Beauty and Hollistic Training- Dublin, IRL
Guru Brows- Online Training*
Images Enterprises- Tucson, AZ, USA

Imperia Beauty- Marbella, ESP
Irena Chen- World Microblading*
J'adore Microblading academy*
Katerina Zapletalova – Hereford, UK
Kevin Chen- Guangzhou, CHN
KS Brow Academy – CA, USA
Lash Art University- UKR
Lash Forever- Canada
Lavish Beauty Brow- FL, USA
Laura Kay Londres- UK
Lukx Brows- Online Training**
Luxury Lash Lounge- Atlanta, GA, USA
Luxus BeautyLine Microblading Academy- Alemania
Mary Ritcherson- Tampa, Florida, USA
Microblading Technician Program- Canada
Microblading Training Academy- UT, USA
Microblading Training- USA
Natural Look Institute- San Diego, USA
Next Door Spa- Dublin, IRL
Nouveau Contour*
Occhi Institute- Illinois, USA
Oxana Dillmann Microblading Academy- Alemania
Pefect Eyebrows – Texas, USA
Phi Brows – Microblading Academy by Branko Babic
Pigmenta Permante Cosmetics- MA, USA
Plaza Di Laura Academy- Suecia
Princess Brows – Hong Kong
Prive Microblading Academy
Pro Brows – Inglaterra- Finlandia- Suiza- Austria
Sandra Opul Permanent Makeup- Londres, UK
Sculpting Microblading by Tiffiny Luong
Shador- Online Training**
Sleek Brows*
Soft tap*
Sviatoslav Otchenash – Alemania
Sydney Cosmetic Tattoo – Australia
Teryn Darling- Nevada, USA
Tina Davies- Toronto, CAN

The Jhon-Jhon Institute – Definition Brows
The Esthetic Institute Training Center- Canadá
The Look Microblading Training- TX, USA
The Urban Beauty Lounge- Sudáfrica
3D Brows Academy*
Unique Contour spmu Artists & Training Institute-UK
Versailles Medical Spa- NY, USA
Vesta Academy – Ft Lauderdale, FL, USA
Vogue Brows- Sudáfrica

Esta lista de ninguna manera pretende ser o estar completa.
Te recomiendo que busques en tu ciudad y país los cursos de Microblading que existen y hagas una buena investigación para elegir el mejor para ti.

* No están en un lugar físico específico, viajan a diferentes lugares.
** No recomendado para principiantes. Bueno para la educación continua.

www.TheMicrobladingBible.com
Facebook.com/TheMicrobladingBible.com
www.OmniaBeautyAcademy
www.instagram.com/aschcorinne/

www.ingramcontent.com/pod-product-compliance
Lightning Source LLC
Chambersburg PA
CBHW040015240426
43664CB00036B/2